嵌められた光秀

根木信孝
NEGI NOBUTAKA

幻冬舎
MC

嵌められた光秀

はじめに

歴史はその後の権力者によって歪められる。権力者によって歪められたその歴史から本当の史実を探るのは容易なことではない。権力者に都合が悪い物証や書物はことごとく破壊されたり焼却され、人間は抹殺される。

あるいは権力者に都合の悪い部分を都合良く変えられて伝えられる。そうなると、権力者に都合が悪い情報を握っている者は口をつぐみ、真実は伝えられなくなる。

そんな状況をかいくぐり、ほんのわずかに残された資料や痕跡がある。そんな資料は権力者に都合が良い資料の何十分の一とか、何百分の一しかないため、権力者に都合が良い資料の何十倍、何百倍の価値があると考える。

「信じる」とは、人が言うと書く。誰かが言ったことを、それだけでそう思うことだ。誰かが何かを言い、それだけではそう思わず、その根拠を求め、それが物証であれ文献であれ、それを確かめてからそう思う場合は、相手の言うことを信じているのではなく、その物証や文献を知っているのであって、「信じる」ではない。

誰かが何かを言ってそれを信じるかどうかを判断する場合、相手が嘘をつく人かどうかがそれを見極める根拠になるが、では相手が正直で嘘をつく人でなければ、その人の言うことはすべて信じて良いかというと、それだけでは十分ではない。相手が正直で嘘をつく人でなくても、その相手に真実を見抜く力がなければ、その相手がそう信じているだけで、実は間違ったことを言っていることは多々ある。

例えばある物を誰かが検査して、「問題なかった」と言った場合、その人が正直で一生懸命検査をする人というだけでなく、その人が正しい検査ができるかどうかも大事な要件だ。圧力検査であれば試験圧力はいくらか、圧力保持時間は十分か、加圧媒体は使用条件と合っているか、加圧箇所（部分）は正しいか、検査方法（水をかける、石鹸水をかけるとか、そのまま目視するなど）は正しいかなどを知っており、それらが間違っている場合に、それを見抜く力量※を持っていることが必要で、それが真実を見抜く力だ。

※ 水の分子は気体の分子より大きいため、水圧試験では漏れないが気密試験では漏れる、ということがある。そのため、気密試験を行う場合、その前に被検査物を乾燥させ、試験媒体である気体が水の分子で止められないようにする必要がある。また、気密試験であっても状況によっては最初に水が出てくることがあるため、いきなり石鹸水をかけないで、目視で水が出てこないか確認し、それから石鹸水をかける、などの配慮も必要である。

しかし、誰かの陰謀に嵌められ、偽の情報を摑まされた場合などは、相手が嘘をつく人ではなく、かつ、本来は真実を見抜く力、明晰な頭脳があっても、偽の情報に操られ、間違った判断をすることがある。そして、それは理論的な人ほどそうなる傾向がある。

「穿った見方」という表現がある。この言葉、何かちょっと普通ではない見方とか、個性が強い見方として使う方がいるが、この言葉はそうではなく、目の前に障害物があってその先が見えない状況で、その障害物に穴を明けて（穿って）その向こうを見たような見方を指す。

つまり、一般の解釈によると種々矛盾や疑問があるが、通説と異なるわずかに残された資料や物証などから導いた結論によると、その種々の矛盾や疑問が解消し、まるでその障害物に穴を明けて（穿って）、その向こうを見たように感じられる時にそう表現する。

そして、それは歴史において、より顕著である。歴史においては伝えられている通りでは矛盾し説明できない点が多々あるが、それらとは異なる残された情報がわずかにあり、それが正しいと仮定するといろいろな矛盾が氷解することが多い。そのような場合、その「穿った見方」は正しいといえる。

歴史上最も不思議な出来事の一つに本能寺の変がある。戦国時代の終わり頃、天下統一を目前にしていた織田信長をその家臣の明智光秀という武将が謀反を起こして討ったと伝えられている事件だ。だが、詳細は本文で述べるが、光秀が本能寺を襲撃したとは考えられない行動が2点あるのだ。

本能寺の変は明智光秀の犯行だが、その裏で糸を引いていた者がいた、と、光秀を操った者の存在を考察した見解や説が多数ある一方で、実は本能寺の変の3日前に秀吉が畿内にいた可能性を示す物があるのだ。詳細は本文で述べるが、もし、そうだとしたら、備中高松城を水攻めしていたとか、毛利勢と対峙していたと伝えられる秀吉の行動について、通説は全く見当違いだったことになる。

秀吉はどうして備中高松城にいなくて良いのか。畿内で何をしていたのか。

実は秀吉は本能寺の変の前から、信長の許可なしで毛利と和睦を進めていたのだ。そして、本能寺の変の3日前に畿内にいたということは、その数日前には毛利と合意し、和睦していたと見るべきであろう。だから備中高松城にいなくても、毛利は攻めて来ないのだ。

しかし、これは信長に知られたら切腹ものだ。この時点で秀吉としては信長を殺害する以外に自身が生きる道はない。それなのにその信長の殺害を他人に任せていられるだろうか。

ここに、秀吉が本能寺の変の3日前に畿内にいた理由があるのだ。つまり、秀吉は裏で糸を引いていたどころか、自身の手で信長を殺害し、しかも、その罪を光秀になすりつけたのだ。

この事件の直後、秀吉は中国大返しと呼ばれる偉業を成し遂げたと伝えられる。本能寺の変勃発時に備中（岡山）で高松城を攻めていた秀吉が6月5日から12日まで8日かけて200km離れた山崎まで駆けつけたと伝えられている出来事だが、歴史家の方々は「この中国大返しは不可能だ」とか「どう考えても1日か2日足りない」と言いつつ、秀吉が実際にやったという前提に立つから、「しかし、一夜城の例もあり、戦上手の秀吉のことだし、何せ秀吉が実際にやったのだから、何かうまい方法を考え出したのだろう」と締めくくる。

しかし、この時中国地方は何日か置きに大雨が降ったのだ。氾濫（はんらん）した河を渡るだけでも数日かかり、8日間で200kmの移動などできるはずがないし、ましてやその直後に戦などできるわけがない。

その一方で明智光秀は本能寺の変が自身の犯行である旨の書状を自身の寄騎や足利義昭将軍に送っている。

本書は通説とは異なる数々の情報や、光秀がそういう書状を送るに至ったいきさつに切り込むことで、本能寺の変の真の姿をつまびらかにしようとするものである。

本書はそのような観点で通説に切り込んでおり、筆者が考える史実を第一部「歴史考察編」と第二部「歴史小説編」の二部構成で述べた。

また、一般的には理由が不明といわれる千利休の切腹についても本書で明らかになり、さらに、家康に仕えた天海僧正が光秀であった根拠や天海僧正、春日の局（福）、3代将軍家光の繋がりについても第二部の終盤に言及した。

なお、通常、本能寺の襲撃＝信長の殺害と解釈されているが、本書の中ではこれらを区別して述べているので、その点を混同しないように気をつけてご精読いただきたい。

なお、軍勢や物量などの数値については諸説あり、真相が不明なことから、筆者が適切と考える数値を採用した。

目次

第二部

新説、4人の天下人 ―― 090

第一部

1 信長の足取り

本能寺の変までの信長の足取りについて述べるが、詳しく書くとそれだけで数冊の本になり、切りがないので本能寺の変に関することに重点を置いて、かいつまんで述べる。なお、信長の状況については通説通りなので、すでにご存じの方はこの章を飛ばしていただいても差し支えない。

信長が父信秀から家督を継いだ時、織田家は尾張の国主ではなく、尾張の一部の領主に過ぎなかった。そして、天文21年（1552年）3月、父信秀の死去によって信長が織田家の家督を継いだ後、織田大和守家、織田伊勢守家を滅ぼすとともに、弟の織田信行を排除して尾張の支配を固めた。

永禄3年（1560年）5月、駿河の戦国大名今川義元が上洛を始め、途上にある尾張国へ侵攻した。信長は籠城すると見せかけて城から討って出て、わずかな手勢とともに桶狭間で休憩中の今川義元を急襲し、撃破した。この時の兵力については諸説あるが、2万5千の今川に対して織田は2千5百だったという説もある。

その頃から美濃の斎藤氏との関係が悪化したが、永禄4年（1561年）に斎藤義龍が急死し、嫡男・斎藤龍興が跡を継ぐと、信長方が優勢になる。

1566年に木下藤吉郎が墨俣（すのまた）に一夜にして砦を建て、織田勢はこれを足がかりにして斎藤氏の稲葉山城を攻略した。なお、この時、秀吉は砦に使う材木を長良川に浮かべて運んだが、丸太のまま運んだのではなく、長良川の上流で接合部をできるだけ加工して一旦仮組みし、それを最小限解体して筏（いかだ）を組んで運んだという説がある。

その頃、京では永禄8年（1565年）に、「永禄の変」で第13代将軍の足利義輝が三好氏に殺害され、三好氏に推された第11代将軍の足利義澄の次男足利義維の長男として生まれた足利義栄が摂津国富田で第14代将軍になるが、織田勢から逃げる中、8か月後に病死した。

一方、一旦出家していた足利義輝の弟の義昭が還俗（げんぞく）して上京し、足利義栄と対立。義栄の死後、永禄11年（1568年）9月7日、信長に推されて第15代将軍に就任する。

義昭は京で将軍として執務するが、信長から「諸大名に勝手に書状を送ってはならない」など、諸々の制約を受け、次第に信長との間に溝ができ、反信長網の構築を画策する。

永禄11年（1568年）信長の妹のお市の方（かた）が近江の浅井長政に嫁ぎ、信長と浅井長政は義兄弟になる。

信長は諸大名に上洛を命じるが、越前の朝倉義景が無視したため、元亀元年（1570年）4月、信長は朝倉氏の越前へ遠征を行う。しかし、義兄弟である近江の浅井長政は朝倉家との繋がりが長く、朝倉方につき、信長を背後から挟み撃ちにしようと出陣した。信長は秀吉に殿（しんがり）を命じ、命からがら京に逃げ帰った。なお、この時、秀吉とともに徳川家康も殿を務めた。

同年6月、織田・徳川連合軍対浅井・朝倉連合軍は姉川で戦い、織田・徳川連合軍が勝利した。

元亀2年（1571年）9月、信長は比叡山延暦寺を焼き討ちにする。

元亀2年（1571年）末、武田信玄は後北条との同盟を回復させると、徳川領への侵攻を開始する。

元亀4年（1573年）に入ると、武田軍は遠江国から三河国に侵攻し、これを見た足利義昭は越前の朝倉義景の協力を見込んで信長との決別を決意したが、義景が上洛しないため、義昭は信長に攻められ、正親町（おおぎまち）天皇に調停を願い、和睦した。

元亀4年（1573年）4月、武田信玄は野田城包囲中に病が悪化し※、甲斐に引き返したが、引き返す途上で死去した。

将軍義昭と信長の確執は解消されず、同年7月、義昭は再度挙兵したが、信長に敗れ、備後の鞆（とも）に逃亡。

※ 武田信玄は通説では病で死んだと伝えられているが、信玄が最後に攻めた野田城には信玄鉄砲と呼ばれる、信玄を撃ったと伝えられる鉄砲が残っている。

天正3年（1575年）5月、武田勝頼は武田氏より離反し徳川家の家臣となった奥平貞昌を討つため、貞昌の居城である長篠城に攻め寄せた。織田・徳川連合軍は奥平氏の救援に駆けつけ、武田勢を破った（長篠の戦い）。

天正4年（1576年）石山本願寺が挙兵したため、これと対峙するが、この頃、上杉謙信が石山本願寺と和睦し、信長との対立を明らかにした。この石山本願寺攻めは織田軍が本願寺の物資を断つ兵糧戦だったが、この最中に信長の重臣の荒木村重の家臣が本願寺側と内通して本願寺に物資を搬入する事件が勃発した。荒木村重は監督不行き届きで自身も罰せられると考え、謀反を選んだ。村重軍は粘った末に敗れ、村重は逃亡、家臣は打ち首となった。なお、村重は信長の死後、道薫（どうくん）と名乗り、茶人として生きた。

天正10年（1582年）、長篠の戦いで敗れた武田勝頼は上杉と和睦したが、織田軍がこれに侵攻を開始。3月に勝頼が自刃して終結した。

この頃、織田家重臣の明智光秀は丹波を攻略、柴田勝家は越中まで侵攻し、越後の上杉と対峙、羽柴秀吉は毛利側の諸城を攻略、四国は長宗我部元親が勢力を拡大しており、一旦は信長から「四国は切り取り次第」と言われていたが、13代将軍足利義輝を殺害したたばかりか、勝手に14代将軍を擁立しようとし、信長に敗れて阿波に逃げていた三好が信長に降伏すると土佐国と阿波南半国のみと言われて対立した。しかし、本能寺の変の直前に信長に従う意向を示したが、変の翌日には神戸信孝※がまさに遠征するところだった。

※ 神戸信孝は織田信長の三男

2 通説、本能寺の変

本能寺の変については定説が存在しないが、本能寺の変を知らない方のために、本能寺の変について概略を紹介する。通説の中にはこの記載とは異なる説もあるが、いずれも筆者が考える史実（この本のストーリー）とは異なるので、どの説であっても結果は変わらない。

本能寺の変は、天正10年6月2日（ユリウス暦：1582年6月21日）早朝、明智光秀が謀反を起こし、京都本能寺に滞在する主君・織田信長を襲撃した事件とされている。

備中（岡山）の高松城で毛利と対峙していた羽柴秀吉は高松城を水攻めしていたが、その秀吉から毛利方の総大将である輝元が5万の兵で攻めて来るから信長直々の出陣を望むという書簡が5月17日に信長の許に届く。

信長自ら全軍を率いて高松城に援軍に向かって毛利を滅ぼす決意をし、畿内に残っている家臣に準備するよう命ずる。

明智光秀も援軍に向かうよう命令され、居城である坂本城に帰って出陣の準備をし、亀山城に移る。６月１日の夕刻、亀山城を出発した光秀はそのまま備中に向かわず、京に向かう。

信長は出発の直前の6月1日、本能寺で茶会を開き、そのまま宿泊した翌2日の未明、1万3千の兵を率いる明智光秀が本能寺を襲撃した。

信長は寝込みを襲われ、すべての弓を弦が切れるまで引くと長槍を取って応戦したが、勝ち目がないことを悟ると寺に火を放ち、奥の間に入ってすべての戸に畳を立てかけ、自害して果てた。

信長の嫡男で織田家当主の信忠は本能寺から1㎞ほどの距離にある妙覚寺に宿泊しており、本能寺の異変に気づくと本能寺に向かったが、明智の軍勢に阻まれ、断念。

明智勢に攻められた信忠は妙覚寺の隣の二条新御所に移って抗戦したが、やはり建物に火を放って自害した。

なお、信長・信忠ともに遺体が見つかっていない。

これを聞いた秀吉は直ちに毛利と和睦し、中国大返しと呼ばれる、5日から12日までの8日間で備中から200km離れた山崎（大阪と京都の間）まで引き返し、6月13日の山崎の戦いで明智と対戦し、勝利する。

3 本能寺の変が光秀の犯行だとするには不可解な光秀に関する事象

① 本能寺の変の前々日に弓・鉄砲などを入れた長持ち百個を備中に送った光秀

山崎長門守と林亀之助によると、光秀は本能寺の変の前々日の5月29日に亀山城から弓・鉄砲・矢玉を入れた長持ち百個を備中に送っている（この年、5月に30日はなく、5月29日の翌日は6月1日）。光秀が数日後に信長を討つ気なら、その後の信長の子息や織田家重臣との戦いに武器が必要なことは明白であり、備中に送ったりしないはずだ。

この件について、光秀がこの時点では謀反を計画しておらず、長持ちを送った後で謀反を決意したという説を唱える方がいるが、この時点で決心していなかったとしても、謀反が頭の片隅にあるだけでもこれらの武器を備中に送ったりはしない。

また、信長の茶会の場所、宿泊先、供回りがどの程度かや宿泊先の警護の程度など、謀反に必要な情報は数知れず、1日や2日で摑める情報量ではない。つまり、遅くとも数日前から各所に家臣を仕えさせたり潜ませたりして情報を得なければ実行不可能な大事件なのだ。すなわち、この時点で謀反を計画していなかったら6月2日に謀反を決行することは不可能ということである。

また、光秀は理知的であり、かつ、丹波攻略中に石山本願寺攻めをはじめ重臣に協力していくつもの城を攻略しており、その後自身も丹波を攻略するなど、他に類を見ないほどの切れ者で、この件で信長から「粉骨砕身」と高く評価されるほどだった。そんな男が思いつきで行動するはずがなく、ほどなく謀反を起こすつもりだったらその2日前に武具を手放すことなどあり得ないのだ。

この一件だけでも信長襲撃は光秀の仕業ではないといえる。

2 本能寺が襲撃されていた時に2里（8㎞）離れた場所（鳥羽）にいた光秀

光秀の家臣、斎藤利三の三男・利宗が甥の井上清左衛門に語り、関屋政春が書いた物に『乙夜之書物（いつやのかきもの）』という物があり、これによると、本能寺が襲撃されていた時に光秀は本能寺から2里（8㎞）離れた鳥羽にいたという情報がある。

このようなことがあるだろうか。謀反を起こしたら失敗は許されない。もし、失敗したら自身はもちろん、一族郎党が獄門・磔（はりつけ）になるのである。謀反に限らずすべての戦は状況に応じて臨機応変に対応しなければならない。また、裏切り者が出ないようにするためにも自身で指揮する必要があり、家臣任せにできることではない。

一方で、光秀が亀山城を出発する直前に森蘭丸の使者が来て、「上様（信長）が陣容を見たいと言っている」と伝えたという情報もある。信長が陣容を見るといっても本能寺やその周辺では路地にうごめく兵しか見られないため、河原や原っぱで見せることになる。そのために自身は1万1千人の兵とともに鳥羽に控えたのだろう。そして家臣の斎藤利三に2千の兵をつけて本能寺に向かわせ、信長を鳥羽まで案内するよう命じたのだろう。

本能寺が襲撃されている時に光秀が鳥羽に控えたことについて、「本能寺の襲撃が失敗して信長を取り逃がした場合に備え、大坂に向かう途中で捕らえるため」と電波に乗って仰る方がいるが、本能寺から離れた場所で待てば、そこまでの間にいくつも迂回路があり、離れれば離れるほど信長を捕らえることが困難になる。

もし、本能寺を脱出した信長を捕らえたければ、本能寺のすぐ近くの、本能寺から20〜30ｍとか、40〜50ｍ離れて本能寺を取り囲めば周囲４４０ｍの本能寺は何重にも取り囲むことができる。信長を取り逃がしたくなければ、誰だってそうするだろう。従って、「本能寺から逃げた信長を捕らえるため」という理由は考え難い。

本能寺が襲撃されている時に光秀が鳥羽に控えたのは、前述のごとく、光秀は謀反など全く念頭になく、自身の軍の陣容を信長に見せるべく、斎藤利三たちが本能寺から信長を案内兼護衛して連れて来るのを鳥羽の開けた場所で待っていたというのが真相ではないだろうか。

本能寺が襲撃されている時に光秀が本能寺に行かず鳥羽に控えた、この一件だけでも本能寺の変が光秀の犯行ではないといえるが、前項の「①本能寺の変の前々日に弓・鉄砲などを入れた長持ち百個を備中に送った光秀」と考え合わせれば、光秀に謀反を起こす気持ちは全くなかったと断言できる。

4 本能寺の変が光秀の犯行だとするには不可解な秀吉に関する事象

本能寺の変において、当時羽柴秀吉は備中（岡山）にある高松城で毛利軍と対峙していたと伝えられているが、そう考えるにはおかしな点がいくつかある。

① 本能寺の変の直前に畿内にいた秀吉

本能寺の変は6月2日の朝発生したが、茶人で信長の茶堂（茶道の師匠）だった千宗易（利休）がその3日前、5月28日に息子の少庵に送った書状※が大阪市内の実業家所有後京都の野村美術館に保管されており、これには

（追伸　上様［信長］御上洛との由、承わった。播州［秀吉］はどうなっているのか？　情報がわかり次第

連絡を請う……）

と書かれてあるとのこと（井上慶雪氏著、『本能寺の変　信長の誤算』（祥伝社）より）。

この月（5月）は29日までしかないので、この書状は本能寺の変の3日前に送られたということだ。

当時織田家は秀吉が播州を、光秀が丹波を攻略し、これらを支配していた毛利にジリジリと詰め寄っていた。そして信長は秀吉を毛利攻略の総大将に任命し、歴史が通説通りであれば、秀吉は備中で毛利と対峙しているはずで、信長はその援軍として備中に向かうことになっていた。

こんなおかしな書状はない。秀吉は備中（岡山近辺）の高松城で毛利と対峙しているはずで、その半月近く前の5月17日に援軍の派遣を要請する書状を信長に送っている。信長の茶堂をしている宗易がそれを知らないはずはない。また、その戦の状況など茶人である宗

※　読売新聞のコラムにも掲載された、とのこと。
筆者も宗易が息子の少庵に送った書状を見たいと思い、野村美術館を訪ねてお願いしたが、「そのような物はない」と言われてしまい、原文は見ていない。

易が知りたいと思うはずがないし、もし、知りたいと思っても同じく町人で茶人であり畿内にいる息子に聞いてもわかるはずはない。

それにも拘わらず宗易は息子にこの書状を送っている。これはこの時（本能寺の変の直前）に秀吉が備中にはおらず、畿内で何かしていたことの証拠ではないだろうか。そして、もう一つ。その何かに千宗易も深く関わっていたことの証拠ではないだろうか。

それだけではない。この書状は一般的には宗易が政治に関心を示すようになったと解釈されており、『信長の誤算』の著者も宗易が秀吉の情報をほしがっており、それを少庵が知る立場にあったと考えておられるようだが、この書状はそれだけに留まらない。

すなわち、少庵はただ単に秀吉との連絡係だったのではなく、秀吉たち一行を匿（かくま）ったのではないだろうか。もし、秀吉たちを匿（かくま）ったのが他の者だったら、宗易はそれが誰かを聞いておき、その人宛てに書状を送ったはずだ。

それに、もし、誰かに頼んで、「何のために？」と聞かれて、「信長に謀反を起こすため」などと言うわけにも行かず、秀吉たち一行を匿（かくま）うようなことは誰にでも頼めることではない。少庵は宗易の娘婿（むすめむこ）、すなわち身内だから頼めたのだ。

「なぜ、備中にいるはずの秀吉がどこでどうしているかを宗易が知りたがるのだ」と仰る方がいると思うが、そこが「味噌」なのだ。詳細は「5．①長過ぎる信長の奮戦」や「5．②明智家家臣と『信長公記』であまりに異なる本能寺襲撃時の様子」で述べるが、光秀の家臣が本能寺に着いた時には本能寺はすでに誰かに襲撃された後の様相を呈していたのだ。

もし、そうだとしたら、本能寺を最初に襲撃したのは誰なのか。信長が死んで最も得をした人物「秀吉」であり、信長が京都のどこかで茶会を開くように宗易が秀吉に頼まれて画策し、その場所や日時を急いで秀吉に連絡する必要があったと考えればすべてが嚙み合う。

つまり、秀吉は畿内に潜む必要があり、自分と配下の者を匿うように宗易に頼み、宗易はそのようなことを他人には頼めず、義理の息子の少庵に頼んだのではないだろうか。そして、その秀吉について「今どうしているか」＝「すぐに連絡できる状況か」と問い合わせたのではないだろうか。

そして、詳細は「6．⑥タイミングが良すぎる島井宗室の動向」で述べるが「楢柴肩衝」の所有者である島井宗室が北九州から京に来ていたのも、6月初旬に北九州に帰ることにしたのも偶然ではなく、秀吉の策で、宗易を通じて島井宗室に頼み、そうすることになった可能性が高い（偶然だった可能性もゼロではないが、偶然にしてはできすぎであろう）。

これは一見突拍子もない話のようだが、詳細は次項「4．②本能寺の変以降の千宗易（利休）の異常な台頭」で述べるが、宗易は本能寺の変からわずか4年で秀吉の弟の秀長から、「内々は宗易に、公儀は秀長に」と言わるまでになっているのだ。

尋常な出世ではない。このことから、秀吉は千宗易に物凄い弱みを握られていたか、恩に着るようなことをしてもらったに違いないと考えるべきなのだ。

もし、前述のように本能寺の変の直前に少庵に匿（かくま）ってもらったり、上洛や帰郷を島井宗室に依頼し、そのおかげで本能寺の襲撃がうまく行ったとしたら、秀吉から見れば千宗易は天下取りの最大功労者だ。これが理由で一生（切腹を命じるまでではあるが）頭が上がらなくなったと考えれば、辻褄が合う。

② 本能寺の変以降の千宗易（利休）の異常な台頭

本能寺の変の4年後の天正14年（1586年）、島津から圧迫を受けた大友宗麟は上京して秀吉の弟の秀長に会って救援を求めた。その際に秀長から、「内々は宗易に、公儀は秀長に」と言われている。

秀吉には信長に仕えて間もない頃から秀吉に命を預け、秀吉の手足になって一緒に戦って来た家臣や、知恵袋といわれる黒田官兵衛など、有能な家臣が大勢いる。

それなのに、いかに信長の茶堂を務め、茶の道では名が通っているとはいえ、あるいは、ひょっとしたら秀吉と物凄く馬が合ったとしても、たかだか茶人の宗易が弟の秀長と並んで扱われたり、天下人である秀吉に対して発言力があるなど、通常ではあり得ない。

このことから、秀吉は千宗易に物凄く恩に着るようなことをしてもらったか、弱みを握られていたに違いない。


信長は備中の高松城に向けて出発する直前に急遽（きゅうきょ）本能寺で茶会を開いた。その目的は楢柴肩衝（かたつき）の入手だが、『信長の誤算』（井上慶雪氏著）は次のように書かれている。

> 信長はその名物狩りですでに『初花（はつはな）肩衝』と『新田（にった）肩衝』という大名物茶入れを所持していたのだが、この『楢柴肩衝』を入手すると天下の三大・大名物茶入れが揃うことになり、まさに信長の垂涎（すいぜん）の的（まと）の茶入れだった。
> この「本能寺茶会」は元々、松井友閑が記すように、「天正十年正月二十八日に上様、名物茶器を持たれて上洛され、博多の宗叱（宗室）に見せさせられるべき茶会」だったが、俄（にわ）かに持ち上がった極秘の武田家攻略策戦のために中止になった茶会の、あくまでも再燃

に過ぎなかった。

島井宗室が五月中旬から京都に滞在しており、六月初旬には博多に向けて京を立つ旨の情報が、千宗易（利休）から信長の許にもたらされた。

宗室在京のこの機を逸したら当分の間「楢柴肩衝（かたつき）」入手の機会が遠のく、という焦りがあり、何としてでも宗室に会いたい。

そのため、信長の御茶堂の一人、千宗易から島井宗室に連絡を入れさせ、「六月一日なれば、上様の御館に参上仕つる」との確約を得たのであろう。


この千宗易からの情報が基で信長が備中に向けて出発する直前に本能寺で茶会を開くことになり、安土城の外に宿泊したために賊に襲撃されたのだ。そのおかげで主君の信長がいなくなり、秀吉は織田家の中で台頭することができ、やがては天下を治めることになったのだ。ここまで千宗易が意図したかどうかは別にして、秀吉から見れば天下取りの最大功労者だ。

これが理由で秀吉は千宗易に頭が上がらなくなったとしても不思議ではない。そして、これが理由で、千宗易が自身の考えや嗜好（しこう）を主張したり、自身の像の股下を秀吉にくぐらせるようなことをしたのではないだろうか。

③ 本能寺の変前後の早すぎる毛利との和睦

秀吉は6月2日早暁に起きた本能寺の変を3日に聞き、その日のうちに高松城主清水宗治の切腹を含む案で毛利と和睦したと伝えられているが、この和睦がとんでもなく早過ぎるのだ。

もし、秀吉が本能寺の変を3日に知ったとしても、それは3日の夕刻のはずだ。そうであれば、秀吉が毛利方に和睦案を提示できるのは4日朝であろう。そうなると、輝元が吉川元春と小早川隆景をすぐに呼んだとしても彼らが輝元の元に到着するのは4日の夕刻。それから和睦案の協議が始まる。

毛利家は毛利元就の子の隆元が早世したため、孫の輝元が幼くして国主となり、これを元就の子であり輝元の叔父である吉川元春と小早川隆景が二人で補佐し、政治・軍事はこれらの面々が合議で進める体制だった。こういう体制だと何かをする時や決める時はこれらの面々が協議しなければならず、国主が単独で決めることができる場合に比べてはるかに時間がかかるのだ。

加えて、毛利輝元は毛利家に忠節を尽くそうとする清水宗治を惜しみ、切腹させることに猛反対していたし、輝元の2人の叔父の兄の方の吉川元春は秀吉との決戦を主張していた。そんな中で4日に出された清水宗治の切腹を含む秀吉の和睦案に、毛利方が受け取ったその日のうちに和睦に応じるなどあり得ないのだ。4日どころか5日になっても合意には至らないだろう。

つまり、秀吉と毛利方は本能寺の変以前から和睦の内容＝妥協案について調整し、和睦が成立していたと考えなければ、5日に高松城主清水宗治が切腹する結論に達するのは無理なのだ。

それだけではない。実はまだ信長が生きている時から秀吉が毛利方と和睦する条件を交渉していたと井上慶雪氏は『信長の誤算』で述べている。

これによると、当初毛利方の案は

一、備中・備後・美作・因幡・伯耆を譲渡する。
一、織田方は高松城の全兵士を保全する。

一方、秀吉方案は

一、備中・備後・美作・伯耆・出雲を譲渡する。

一、全将兵は保全するが、城主・清水宗治は切腹の事。

それが本能寺の変後さらに変わったのだが、清水宗治の切腹はなくなっていない。清水宗治の切腹に反対している輝元が毛利方の総大将なのに、こんな交渉が1日で和睦に至るはずがない。信長生存中から和睦条件について交渉していたという話は事実だろう。

それどころか、信長には毛利と和睦するつもりはなく、攻め滅ぼすつもりだったのに、その信長に内緒で一家臣が勝手に敵と和睦を交渉するなど尋常ではない。信長に知られたら当然切腹か、ヘタをすれば打ち首だ。これらのことから、秀吉は信長が備中に来られないと考えていたということだ。しかし、果たして秀吉は光秀が謀反を起こすことを知っていたのだろうか。

もし、本能寺の変が光秀の犯行で、秀吉が事前に知っていたとしても、信長の了解を得ていない和睦交渉をする必要はない。その謀反が失敗するかもしれないからだ。そうなったら自分の首が危ない。光秀には謀反をさせておいて、自身は高松城で毛利と対峙していれば良いのである。

ところが秀吉は毛利と和睦交渉を始めた。いくら光秀が戦上手でも、信長もいく多の戦いを切り抜けてきた強者（つわもの）なのだ。うまく行くとは限らないし、そもそも、本能寺を襲撃したら、信長は安土城に帰っていた、などということもあり得る。そんな大事なことを人任せにし、自身は信長の殺害が失敗したら生きていられないような交渉をするだろうか。私ならそんな交渉はしないし、もし、そう交渉するのであれば、信長の殺害は自分の手で行う。

そして秀吉もそうしたのだ。そう考えればすべての辻褄が合う。

④ 実行不可能な中国大返し

早すぎるのは毛利との和睦だけではない。秀吉は備中の高松城を水攻めしている最中の6月3日に本能寺の変を聞いて毛利と直ちに和睦し、その翌々日の5日に1万7千とも、それ以上ともいわれる兵とともに高松城を後にし、8日後の12日には高松城から約

200km離れた山崎まで移動したというのだ。200を8で割れば25で、1日25kmであれば一見実行可能に見えるが、それを8日間続けるとなると、できる人はほとんどいない。

また、現在であれば道路が舗装されているが、当時はそうではないし、旭川、吉井川、市川、千種川、揖保川、加古川、武庫川など大きな川が何本もある。その中には橋のない川もあるだろうし、それを渡ることは容易ではない。

ましてや、『信長の誤算』※（井上慶雪氏著）によると、この時期、この地域は1日置きに大雨だったとのことなのだ。当然これらの川は増水し、橋のない川は渡れるものではない。それだけではない。先ほど述べた「1日25kmの移動」も、ぬかるんで歩きにくくなった道を雨に濡れた兵が移動するのである。当然土はグチャグチャになり、時速4kmは無理であろう。


歴史家の中には武具は脱ぎ捨て、裸で走り、着いた先で新たに武具を与えられたなどという何の根拠もない勝手な推測をする方（かた）がいるが、武具を脱ぐのは簡単だが、新たな武具の調達はどうするのか。どこにある武具を、誰が、どこにある金で買い、どうやってどこに運ぶのか。1万7千人分の武具の調達は口で言うほど簡単ではない。すなわち、武具を

※ 氏も『疾風怒涛・秀吉東上の経路』（藤本光氏著）から引用したとのこと

脱ぎ捨てて裸で走り、近畿に帰ってから再度武具を与えられるというのは、「中国大返し」を史実として捉えたうえで無理やり導き出した方法であろう。

通常であっても川を渡ることが困難な中で、増水した川は容易に渡れるはずがないことから、一隊は山道を通ったと考える方がいるかもしれないが、そうなると一層1日25kmの山道の移動は困難になる。

また、秀吉はこの移動の翌日の13日に山崎で光秀と戦い、あっけなく破ったと伝えられている。200kmもの距離を走り続けたその翌日に戦うこと自体到底不可能であり、ましてやその戦いにあっけなく勝つなどあり得ない。

すなわちこの高松城から山崎までの中国大返しは作り話と考える以外に解釈のしようがない。

しかし、世間が実現不可能だと頭を悩ませる「中国大返し」も、秀吉が備中にいたのではないと考えるとすんなり解決する。

つまり、姫路城が秀吉の居城だったことから、秀吉だけでなく、秀吉の家臣も本能寺の変勃発時に備中にはおらず、備中と山崎の間の姫路城に控えておき、本能寺の変後そこから山崎を目指せば8日で移動は可能になる。

姫路から山崎まで直線距離であれば100km足らずである。北上して丹波を通れば川幅も狭くなり、8日あれば山崎まで帰って来ることはより容易になる。

高松城には清水宗治を欺くだけの一部の家臣だけ残しておいて、その他の大勢の家臣は自身の居城である姫路城にいたと考えれば中国大返しに何の不合理も不思議もなくなる。

「清水宗治を欺くだけの」と書いたが、清水宗治もすべてを知っていながら切腹した可能性もある。信長から狙われた毛利家は戦の経験の少ない輝元が総大将であり風前の灯火だ。正面切って戦っても勝てないだろう。だとすれば秀吉の策に乗り、秀吉が疑われないようにするしかない。輝元に忠誠を尽くす宗治はすべてを承知のうえで毛利家存続のために自身が犠牲になった可能性は十分にある。

5 小早川隆景・安国寺恵瓊への禄や姓の付与

小早川隆景は毛利輝元の叔父で、秀吉が賤ヶ岳の戦い（1583年）で柴田勝家を破ってからは秀吉に従っているとされ、九州征伐（1586年）などで功を上げ、37万石を付与されている。また、天正16年(1588年)に上洛した際には秀吉から羽柴の名字と豊臣の本姓を賜っている。

安国寺恵瓊(えけい)も毛利方の外交僧で、毛利を倒そうとする秀吉と折衝を重ねていたが、秀吉が四国征伐後、伊予に2万3千石を与えられ、九州征伐後は6万石に加増されたばかりか、僧でありながら豊臣大名という称号まで与えられ、異例の位置づけとなっている。

毛利方が本能寺の変まで秀吉と対峙していたのであれば、その後彼らが秀吉のために働こうにも秀吉との信頼関係が築けておらず、しばらくは活躍するチャンスがないはずだ。それなのに前述のように活躍したとすれば、短期間で信頼を得たことになるが、果たして何をしたのか。

「4.③本能寺の変前後の早すぎる毛利との和睦」で、秀吉は本能寺の変の前から毛利方と和睦の交渉を進めていたと述べた。毛利方の総大将である毛利輝元は清水宗治の切腹に反対だし、吉川元春は秀吉との決戦を主張していた。その毛利方をまとめ、和睦交渉を進めるには小早川隆景や安国寺恵瓊の存在は欠かせず、それ故の高禄や姓の付与だったのではないだろうか。禄はともかく、姓まで与えるのは尋常ではない。

しかし、それにしても小早川隆景の37万石は多すぎるし、羽柴の名字や豊臣の姓を賜る(たまわ)ということは言ってみれば養子にしたようなものであり、通常ではあり得ないのではないだろうか。あの黒田官兵衛でも12万石（検地後17万石）しか与えられていないのだ（もっとも、黒田官兵衛はその智謀(ちぼう)を秀吉から畏れ(おそ)られて大きな所領を与えられなかった面もあるが）。

6 梅林寺文書

秀吉は高松城を出発する前の5日に光秀の寄騎である中川清秀からどうするべきか問い合わせの書状を受け取り、これに「上様（信長）並びに殿様（信忠）は難を逃れ、膳所(ぜぜ)が埼に落ち延びた」との書状を返しており、梅林寺文書と呼ばれて現存している。

これは大変なことである。普通謀反を起こしたら相手を殺し、その首を市中に晒す(さら)。もし、相手が逃げても、そのままにしてはおけない。見つかるまで探して、殺し、晒す。だから光秀が生きているのであれば謀反は成功しており、常識的に考えれば信長が生きているとは思わない。それなのにこういう書状を送ったら、受け取った側は、「秀吉は何を言っているのだ。信長様の首はとっくにどこどこに晒されておるワ。気でも違ったか。

こんな奴に与(くみ)することはやめよう」となる。

従ってこのような書状を送るということは、信長の遺体が見つかっておらず、その後も見つからないことを知っているということだ。それは信長本人をどこかに連れ去った者にしか言えないことだ。

織田家の重臣や信長の息子たちがなぜこれを問題にしないのか不思議であるが、ひょっとしたら秀吉はそのように追及され、「あれは光秀の寄騎が光秀の味方をしないようにああいうふうに書いたのだ。ああいう書状を送って、もし無駄になっても元々ではないか。信長様が生きているか死んでいるかなど知っていたわけがない」などと言いわけをした可能性もある。

先に「秀吉は高松城を出発する前の5日に中川清秀からどうするべきか問い合わせの書状を受け取り」と書いたが、「4．①本能寺の変の直前に畿内にいた秀吉」で述べた通り、この時、秀吉は備中にはおらず、畿内で本能寺を襲撃していたのだ。

もし、中川清秀が備中に書状を送っても、秀吉の許には届かない。中川清秀の使者はどうやって中川清秀の書状を秀吉に渡すことができたのだろうか。

中川清秀は光秀の寄騎でありながら、身の振り方を光秀ではなく秀吉に相談している。これがそもそも不自然なのだ。このこと及び秀吉のしたたかさから、秀吉は中川清秀をかなり懐柔（かいじゅう）しており、何かあったら自分に相談するように仕向けていたのではないだろうか。もっといえば、秀吉は自身が備中におらず、そちらに使者を送られたら不都合があることから、自分の配下の者を清秀の近くに仕えさせ、清秀からの書状を自身の配下の者が託され、自身に届けるようにしていた可能性もある。

そして、同じく光秀の寄騎である高山右近や筒井順慶らにも同様の書状を送ったと考えるべきであろう。

本件、この時備中にはおらず畿内にいた秀吉に清秀からの書状が届いたことから、何らかの画策があったと考える。

5 その他の不合理

① 長すぎる信長の奮戦

信長の家臣だった太田牛一が書いた『信長公記』によると、本能寺で信長は賊に襲撃されると最初は弓で戦い、すべての弓の弦が切れると長槍で戦ったと伝えられている。

光秀の隊は1万3千人で、そのうちの2千名を本能寺に向かわせ、自身は鳥羽に控えたと伝えられる。一方、信長の兵は数十人だ。果たして信長がそんなに戦うことができるだろうか。

本能寺を襲撃した賊が2千人であれば信長の兵は一人で数人あるいは十数人と戦わなければならず、数分のうちに賊に討ち取られるだろう。そうすれば、信長が何本も弓を引く時間はなく、ましてやその後長槍で戦う時間など到底あり得ない話だ。

また、その後、単独で奥の間に入り、外周に畳を立てかけて自刃したと伝えられているが、そんなことがあり得るだろうか。信長が槍で傷を負って奥の間に入ったのであれば、賊は信長の面前にいたはずだ。そうであれば信長が奥の間に入るやいなや、賊も続けてその部屋に押し入るはずで、信長が畳を立てかけたり切腹する余裕などないはずだ。

つまり、信長がこれだけ長い時間奮戦できたということは、賊が2千人などの大人数ではないことを示している。信長がこれほど長く戦ったり、その後奥の間に入って畳を立てかけることができたのであれば、賊はせいぜい守る側の3倍から4倍くらいであったはずだ。

このことは本能寺を襲撃した賊が光秀の家臣の斎藤利三たち2千名ではないことを裏づけている。

❷ 明智家家臣と『信長公記』であまりに異なる本能寺襲撃時の様子

光秀の家臣に本城惣右衛門(そうえもん)という者がおり、この者が晩年手記し、親族に書き残した物が『本城惣右衛門覚書』と呼ばれて残っているが、その中で次のように書かれている。

「明智が謀反をして、信長様に切腹させたとき、本能寺に我らより一番乗りに侵入したというものがいたらそれは皆嘘です。その理由は、信長様に腹を切らせるとは夢にも知らなかったからです。

その時は、太閤様が、備中に毛利輝元殿を討ちに侵攻していました。その援軍に明智光秀が行こうとしていました。

ところが山崎の方に行くと思いましたのに、そうではなくて京都へ命じられました。我らはその時は家康様が御上洛しておられるので、家康様だとばかりに思っていました。（目的地の）本能寺というところも知りませんでした。

軍列の中から乗馬した二人がおいでになった。誰かと思えば、斎藤内蔵助（利三）殿の御子息と小姓でした。本能寺の方に行く間、我らはその後につき、片原町へ入っていきました。

そして2人は北の方に行かれた。我らはみな堀際へ東向きに行きました。

本道へ出ました。その橋の際に人1人がいたので、そのまま我らはその首を取りました。そこより（本能寺の）内へ入りましたが、門は開いていて鼠ほどのものもいませんでした。先ほどの首を持って内へ入りました。

おそらく北の方から入った弥平次（明智秀満）殿と母衣（ほろ）衆の2人が、「首はうち捨てろ」

とおっしゃるので従い、堂の下へ投げ入れ、（堂の）正面から入りましたが、広間にも1人も人がいませんでした。蚊帳が吊ってあるばかりで人がいません。

庫裏の方より、下げ髪の、白い着物を着た女1人を我らは捕らえましたが侍は1人もおりません。（女は）「上様は白い着物をお召しになっています」と申しましたが、それが信長様を指すものだとは存じませんでした。その女は、斎藤内蔵助（利三）殿に渡しました。（信長様の家臣である）御奉公衆は袴に片衣で、股立を取り、2、3人が堂の中へ入ってきました。

そこで首を又1つ取りました。その者は、1人奥の間より出てきて、帯もしていませんでした。刀を抜いて浅黄色の帷子を着て出てきました。その時に、かなりの人数の（我らの）味方が入ってきました。それを見て敵は崩れました。我らは吊ってある蚊帳の陰に入り、この者が出てきて通り過ぎようとした時に後ろから切りました。

その時の首と（先に寺の門前で取った首）で2つ取りました。褒美として槍をいただきました。野々口西太郎坊の配下にいた時のことです」

これはおかしい。『信長公記』には、信長は最初は弓で戦い、弦が切れると長槍を取って戦ったと書かれてあるが、『本城惣右衛門覚書』にはそのようなことは一切書かれていない。また、天下人に等しい信長が宿泊している寺の門が開いており、警護がおらず、広間にも蚊帳（かや）が吊ってあるだけで、誰もいない。そんなことがあるだろうか。

これらは本城惣右衛門が本能寺に遅れて入ったために『信長公記』に書かれているシーンを見ていないとか、信長の大勢の家臣とも戦わなかったというわけではない。惣右衛門は「自分より先に本能寺に入ったと言う者がいたら、それは嘘だ」と言い切っている。つまり、惣右衛門が最初に本能寺に入ったということだ。それにも拘（かか）わらず、門にも広間にも誰もおらず、信長の奮闘シーンも見ないなどということがあるだろうか。

その後も奥から2、3人出て来たとあるが、信長の供回りは少なくとも20～30人はおり、また、女衆も1人や2人ではないはず。それらの者はどこに行ったのか。

『信長公記』には信長が敗れる前に「女どもは苦しからず。逃げよ」と言われて女たちは途中で逃げたとの記載があり、逃げるまではそこにいて、信長の戦いを見ているはずであり、かつ、太田牛一は生き残った者の証言などを聞いて『信長公記』を書いたといわれていることから、この証言には信ぴょう性がある。他方、本城惣右衛門も嘘をつくならもっと自身が活躍したように言うだろう。従って、こちらも信ぴょう性がある。

どちらも嘘ではないとしたら、これらの間の食い違いは何なのか。

本城惣右衛門の記載はあたかも誰かが本能寺を襲撃して信長の家臣を殺害して遺体を信長ともども持ち去り、信長の家臣はこの奥から出て来た3人だけ生き残り、その後本城惣右衛門やその他の明智家の家臣らが本能寺を訪れた様相ではないだろうか。

3 安国寺恵瓊の書状

安国寺恵瓊は安芸武田氏の一族で、毛利元就に攻められた際に城を脱出し、出家して僧になり、その後毛利家に仕え、対外折衝を任されていた僧で、本能寺の変の9年前（1573年）に信長方の重臣である秀吉が足利義昭将軍に帰京を要求する交渉に立ち会い、その後毛利家重臣に「信長之代、五年、三年は持たるべく候。明年辺は公家などに成さるべく候かと見及び申候。左候て後、高ころびに、あおのけにころばれ候ずると見え申候。藤吉郎さりとてはの者にて候」と書いた書状を送っている。

「高ころびにころぶ」と言うと、敵と戦って敗れるというより、「ころぶ」＝「躓く」＝「家臣の謀反」と解釈されており、筆者も同じ解釈だが、問題はその後の「藤吉郎さりとてはの者にて候」という部分だ。

この部分について、通説では「大した者だ」と解釈されているが、これに対して、「八」は「は」ではなく数字の8で、賤民を指すという解釈もあり、名前も「秀吉」ではなく、「藤吉郎」と書いていることから、恵瓊が秀吉を見下してこのように書いたという説を唱える歴史家がいる。

この部分、「秀吉は賤民だ」と毛利家家臣に伝えても何にもならないのに、わざわざ書くだろうか。ここは「大した者だ」と解釈するべきだろう。「『大した者だ』だけではどう大した者なのかわからず、意味をなさない」と仰る方（かた）がいるかもしれないが、実はどう大した者なのかはすでに述べられているのだ。ここは藤吉郎（秀吉）の名を出すことで読む者に「信長に謀反を起こすのは藤吉郎だ」と伝わるのだ。つまり、「秀吉は信長に謀反を起こすほど大した者だ」と解釈するのが正しい。

古来、文（書状）はいつ誰に読まれるかわからないので、いつ誰に読まれても良いように謎めいた表現や記述で書かれたといわれる。しかし、だからといって何を言っているのか伝わらないのでは意味がないので、その意味を含めて、相手には意味が伝わるようにしつつ、他者が読んでもわからないように書く必要があった。

例えば、毛利元就が幼少の時、大内家に従って京に行き、細川家と戦っている兄から「裏切り者は一切いない」と書かれた書状が届き、「『○○が裏切った』、というのはその裏切った者のことだけを調べれば言えるが、『裏切り者は一切いない』と言うためには全員を徹底的に調べなければならず、実行は不可能だ。これは逆に『裏切り者がいる』と伝えたいのではないだろうか」と考えた。そしてその通り、尼子が裏切っていたのだ。

読者の中には、「秀吉が謀反を起こす」と書かずに、「藤吉郎さりとてはの者にて候」と書いても、読む者が皆「秀吉が謀反を起こす」と解釈するのであれば同じではないかと考える方（かた）がいるかもしれないが、直接そう書かないことで、もし、誰かに読まれて信長に伝わり、「秀吉、そなた、謀反を企んでおろう」とか、「恵瓊、そなた、知っておったのであろう」と問い詰められても、「何を仰いますか。恵瓊は某（それがし）を大した者だと言っているだけでござる」と言えば、それ以上追求する根拠がないのだ。信長としても、そんな言い逃れができる状況で問い詰めたりはしないだろう。

これが「藤吉郎さりとてはの者にて候」の正しい解釈で、秀吉は早くから謀反を考えていたのだ。

④ 見つからない信長、信忠の遺体

本能寺の変においてもう1つの謎は、信長・信忠親子の遺体が発見されていないことだろう。

歴史家の中には「本能寺が焼けてしまったので、遺体も焼けてしまって判別がつかなくなり信長の遺体が発見できなくなったのであって、見つからなかったことに不思議はない」と言う方(かた)がいるが、本能寺は賊に襲われてから火がつけられたのである。

賊が光秀の家臣だとしたら2千人はいたはずで、信長の側は数十人なので、火がつけられて数分以内に賊が信長の家臣をほとんど倒したはずだ。

それから光秀の家臣は指をくわえて本能寺が炎上し、燃え尽くすまで傍らで待っていたとでもいうのだろうか。そんなはずはない。信長は賊に手傷を負わされて奥の間に入ったのである。すなわち、賊は信長の面前にいたということだ。

そうであれば信長が奥の間に入ってほどなく賊はその部屋に押し入り、信長の身柄を拘束できたはずである。そうであれば光秀の家臣が光秀の命を受けていようと受けていまいと信長の遺体を発見できないことはあり得ない。

もし、仮に信長の遺体が判別できないほどに焼けたとしても、信長は奥の間に入って切腹し、家臣はその外で戦って討ち死にしたのだ。そうであれば奥の間には遺体は1つしかないはずであり、それが信長の遺体であることに疑問を持つ者はいないだろう。

そうであれば「信長の遺体がない」と伝えられることはない。それが「信長の遺体がない」と伝えられているということは、すなわち、奥の間には誰の遺体もなかったということである。

また、本能寺の変を聞きつけた阿弥陀寺の清玉上人が遺体を茶毘（だび）に付し、寺に持ち帰って弔ったとも伝えられているが、この件に関しては本書「6．⑤信長・信忠の遺体は清玉上人が寺に持ち帰り、弔ったという説」にて述べる。

光秀が信長の遺体を見つけられないことについて、「本能寺が焼けてしまったので、遺体も焼けてしまって見つからなかった」とか、「焼けて判別できなくなった」という説についてもう一つ、本城惣右衛門たちが本能寺に入って奥の間の前に到った時には本能寺は焼けていなかったのだ。それどころか、『本城惣右衛門覚書』には火災についても全く記載がないことから、惣右衛門たちが本能寺に着いた時点では火災すら起きてなかったと考えられる。すなわち、本城惣右衛門たちが本能寺に着いた後に誰か（秀吉配下の者？）が火をつけ、炎上したのである。

それなのに信長がどこにいたとか、どうしたという記載がない。これはすなわち、惣右衛門たちが本能寺に到着した時点で信長はすでに本能寺からいなくなっていたということだ。もし、その時点で信長が本能寺にいたのであれば、信長が彼らに見つけられないことはあり得ない。

これらのことも本能寺を襲撃した賊が光秀の家臣ではなかった証拠であり、信長は生きたまま殺してからかはわからないが、光秀の家臣が本能寺に着く前に真の賊が連れ去ったのではないだろうか。

5 実行不可能な高松城の水攻め

秀吉は毛利方の清水宗治が守る備中の高松城を攻め落とさなければならず、この城が3方を山に囲まれ、前面は低湿地帯であることから攻め込むのは困難と考え、水攻めしたと伝えられているが、その初出は秀吉がお伽衆（とぎしゅう）の大村由己（ゆうこ）に書かせた『惟任（これとう）退治記』である。

水攻めのための堤防は底辺24ｍ、上辺12ｍ、高さ８ｍ、そして長さは３㎞とも４㎞ともいわれており、秀吉はこれを土俵1俵につき銭１００文と米1升を与えて５月８日から12日で作ったと書かれているが、果たしてそんなことが可能なのだろうか。

この堤防に必要な土の量は、(24＋12)／２×８×３０００＝４３２０００㎥になり、これに土の比重を１・６とすると69万ｔになる。１人が１回に50㎏担げたとして、１３８０万回運ばなければならない。そして1俵につき銭１００文を与えたとすると、銭は１３８０万×１００＝13億８千万文必要になる。織田家全体でもそれだけの銭はないだろう。もし、どこかにあったとしても、どうやってそれを数日の間に高松城まで運ぶのか。これらのことから『惟任退治記』通りの高松城の水攻めは不可能だったと断言できる。


「しかし、だからといって高松城の水攻めはなかったとは言い切れない。高松城は低湿地帯にあったことから、もっと規模の小さい工事でも高松城を水浸しにできた可能性もある」と仰る方（かた）がいるかもしれないが、まったくその通り。

しかし、実行可能な水攻めの方法があり、それを実行したのであれば、それを書くべきなのだ。これは『惟任退治記』が全く信用できないということの一つの具体例である。

6 『惟任退治記』を書く必要性

『惟任退治記』とは本能寺の変後、羽柴秀吉がお伽衆の大村由己に書かせた明智光秀を成敗した記録であるが、高松城周辺に築いた堤防の大きさが12日間で行うのは不可能なことや中国大返しなど8日間で２００㎞を走破したり、その後光秀と戦ってアッサリ破ったりと、これが単なる「記録」というには不合理な点が多々あるのだ。

しかし、そもそも本当に光秀が謀反人で秀吉が信長の仇討ちとして光秀を討ったのであれば、黙っていても秀吉の正当性は誰もが認めるところであり、何も書く必要はない。そうであるにも拘わらずこれを書き、しかもその中に前述の不合理な点が散見されることから、逆に「真犯人は私です」と言っているようなものではないだろうか。

7 自身も切腹すべきか賊に聞いた誠仁親王

誠仁親王は時の天皇である正親町天皇の子であり、本能寺の変が勃発した時、二条にある妙覚寺の隣の新御所に住んでいた。その妙覚寺というのは、その時、信長の子の信忠が宿泊していた寺で、信忠は賊に襲われる直前に妙覚寺から守りの堅い新御所に移って戦った。この時、新御所に宿泊していた誠仁親王は賊に自分も腹を切るべきか聞き、その必要がないと知ると御所から歩いて出て行き、ここに里村紹巴が荷物運搬用の輿(こし)を持参し、誠仁親王はこれに乗って出て行った、とのこと。

しかし、誠仁親王は光秀と懇意にしていた人で、それを光秀の子供や重臣も知っているはずである。もし賊が光秀か光秀の重臣であれば、誠仁親王は賊に切腹すべきか聞いたりせず、また、出て行く時も徒歩でなく輿に乗って出て行ったはずである。

このことも賊が光秀や彼の重臣でないことの根拠の一つである。

⑧ 秀吉から恫喝(どうかつ)され、腹を切らされた誠仁親王

本能寺の変で本能寺に続いて妙覚寺とともに襲撃を受けた二条新御所にいた誠仁親王は賊に自分も腹を切るべきか聞き、その必要がないとの回答を得て出て行ったが、この間賊を見ているはずだ。

そして、本能寺の変後、秀吉が天下人になった後も、誠仁親王はこの時のことで何度も

秀吉に食ってかかっては恫喝（どうかつ）された、と伝えられている。

何と言って食ってかかったかも、恫喝されたかもわかる資料はないが、この時のことであれば、「賊の中に光秀の家臣はいなかった」とか、「朕の処遇を聞きに奥に行った兵はそなたの家臣に聞いていたぞ。これはどういうことだ」などと言ったのではないだろうか。

そして秀吉からは「某（それがし）の家臣の誰がおったというのでござりまするか。某の家臣は某とともに備中で毛利と対峙しておったのでござりまするぞ。それでも某の家臣がおったと言うなら、その家臣を連れて来てくださりませ」などととぼけたのではないだろうか。

そして、誠仁親王はそれから4年後の天正14年に疱瘡（ほうそう）かはしかで亡くなったと伝えられているが、そんなものにかかる歳ではない。秀吉に腹を切らされたか殺された可能性が高い。

「この後、時の天皇である正親町天皇は悲しみのあまり自害しようとして、秀吉から『今死なれては困る。左様な当てつけをするなら宮中の者を皆磔にする』と脅され、絶食した」と伝えられている。しかし、いくら息子が早く死んだからと言って自害しても意味がない。これは秀吉へのあてつけであることは間違いないだろうが、正親町天皇がそこまでしたのは誠仁親王の死に秀吉が深く関わっていたからと考えられる。

本件は第2部の中の「誠仁親王、薨去(こうきょ)」に関連する。

6 本能寺の変、考察と結論

① 本能寺を襲撃した賊は2千もいなかった

信長の家臣に湯浅直宗と小倉松寿という者がいて、彼らは町内の宿舎に宿泊していたが、本能寺の変を知って本能寺に駆け込み、中で討ち死にしたと伝えられている。

本能寺は周囲440m程度の寺である。もし、本能寺が通説のように斎藤利三らの一隊2千名に襲撃されたのであれば、1m間隔で取り囲めば4周できる。その兵をたった2人で斬り崩して中に入るなど不可能だ。

このことも賊が2千もいなかったことの証拠であり、光秀の家臣1万3千とか、斎藤利三らの1隊2千とかではないことを物語っている。

②亀山城にいる光秀の許に来た森蘭丸の使者の正体

信長から備中への援軍を命じられた光秀は、5月17日に一旦居城の坂本城に帰り、出兵準備を進め、同月26日に亀山城に移った。そこで弓・鉄砲・矢玉を長持ちに入れ、29日に備中に向けて送り、さらに出兵の準備を進めた。

その亀山城にいる光秀の許に森蘭丸の使者が来て、「信長様が陣容を見たいと言っている」と伝え、急遽（きゅうきょ）京に向かうことになった、と伝えられている。

この使者は本当に森蘭丸の使者だったのだろうか。本能寺で外が騒がしいことに気づいた信長は「こは謀反か。如何なる者の企てぞ」と聞き、森蘭丸が「明智が者と見え申し候」と答えている。

もし、信長が森蘭丸を通じて光秀に「陣容を見たい」と伝えていたなら、外が騒がしくてもそれが「明智が者」と知れば謀反とは思わないはずだ。

また、森蘭丸も騒がしいのが明智の軍と知れば「明智が者と存じまする。上様に陣容を見せに来たものと思われまする」と言うはずだ。

ところが、信長も森蘭丸もそうは言わず、すぐに謀反と言っている。ということは、光いだろうか。

秀に「陣容を見たい」と伝えた使者は信長の使者でも森蘭丸の配下の者でもないのではないだろうか。

この使者は森蘭丸の使者ではなく、秀吉の配下の者で、いつ、どこに行けば良いかを言わず、光秀が陣容を見せるのに適した場所を選び、そこに布陣し、そこから本能寺に家臣を来させるように仕組んだのではないだろうか。

しかも、信長を案内するだけなら数名で済むが、それでは本能寺を襲撃できず、本能寺を襲撃した罪を光秀の家臣になすり付けることができない。

そこで本能寺を襲撃できる人数を本能寺に向かわせるため、案内だけでなく警護も命じ、そのための兵2千名を本能寺に向かわせるように仕向けたのではないだろうか。

3 「明智が者」の信ぴょう性

『信長公記』を書いた太田牛一は本能寺の変勃発時現地にはいなかったが、生き残った者の証言などを調べ、それを基に書いたと伝えられていることから、信長や森蘭丸の発言は信長の側近で本能寺から逃がされた女がそう証言した可能性が高く、信ぴょう性が高い。

本能寺の外が騒がしくなった時に信長は「こは謀反か。如何なる者の企てぞ」と聞き、森蘭丸が「明智が者と見え申し候」と答えている。

ここが疑問である。賊は自分たちが明智であることがすぐにわかるようにしていたのだろうか。もし、そうであれば、賊はなぜ自分たちが誰なのかわからないようにしなかったのだろうか。自分たちが誰なのかわからなければ、もし、謀反に失敗しても、うまく逃げられれば咎（とが）められずに済む。

「数十人の信長勢に対して2千で攻めるのだから、失敗などありえない。だから自分たちが明智とわかるようにしても、何の問題もない」と考える方（かた）がいるかもしれないが、兵力の点では確かにそうだが、そこに信長がいるとは限らない。急遽安土城に帰ったり、息子に会いに妙覚寺に行っていることもあり得るし、謀反が失敗する要因は他にもあるだろう。

従って、主君を襲撃する場合、誰だって極力自分が誰かわからないようにして襲撃するのではないだろうか。ところが、この賊はすぐさま明智と見破られている。これは賊が本当は明智ではなく、光秀に罪をなすりつけるために明智の旗などを立てたり大声で言ったりしたのではないだろうか。

そう考えれば森蘭丸が即座に「明智が者と見え申し候」と答えたのも頷ける。

④ 乙夜之書物

光秀の重臣、斎藤利三の三男、斎藤利宗は本能寺の変当時16才で、本能寺の変に関わったが、彼が晩年に甥の井上清左衛門（加賀藩士）に語った話を書き留めた物に『乙夜之書物』という物があり、これによると次のように書かれてある。

ア．光秀は、中国地方で毛利勢と戦う羽柴秀吉への援軍という名目で、自軍の兵を亀山城へ集めた。利三は1日昼ごろ、兵を引き連れて亀山城に到着する。待ちかねていた光秀は、城の入り口で利三を出迎え、一緒に城内の奥にあったとみられる数寄屋に入った。

イ．この時、利三は上座に座った光秀から謀反の決意を初めて告げられる。利三が「先鋒は私が引き受ける」と伝えると、光秀は喜び、勝手口に控えていた左馬助（明智秀満）を呼んで、「皆同じ気持ちである」と述べ、左馬助は「めでたいことと存じます」と応じた。

ウ．光秀が「暑いので何かないか」と言うと、冷やした道明寺（餅・団子のような物？）が皆に供された。すずり箱と熊野牛玉の宝印が押された料紙(りょうし)が出され、そこにいた武将たちは自らの血を使い、誓詞血判状を書いた。その後、光秀は軍勢を率いて、日暮れ前に亀山城を出発した。

エ．大江山を越え、夜中にかけて桂川に至り、諸軍を川原に陣取らせ、「兵粮(ひょうろう)を使え」と言うので、皆、不審に思った。「亀山城を出て、ようやく約3里（12㎞）進軍したばかりなのに、早くも腹ごしらえをさせるとはどういうことだ？」と思いながら、竹葉（酒の異称）を飲んでいると、物頭（武頭、足軽大将）たちが馬に乗って、「本能寺に攻め入るぞ。各自、心構えをせよ」と触れて回った。皆、「すぐに戦だ」と奮い立った。

オ．さて、本能寺へは明智弥平次（秀満）、斎藤内蔵助利三が、軍勢2千余騎を指し向け、明智光秀は、鳥羽（山城国紀伊郡鳥羽郷、現在の京都府京都市伏見区鳥羽町）に控え織田信忠の居場所を探らせた。

カ．明智弥平次と斎藤利三が2千余騎で本能寺に押し寄せると、早くも夜は仄仄（ほのぼの）と明けた。本能寺の境内から水くみの下郎が、（常の日課で、「天下の三名水」の「柳の水」をくもうと）水桶を持って出てきて、敵が押し寄せている様子を見て、境内へ逃げ込み、門を閉じようとした。「あの門を閉じさせるな」と言って押し詰め、門を破って乱入した。寝ずの当番衆（当直の警備兵）は、「是（こ）れは何ごとぞ」と叫び、慌てふためいて、走り出て見れば、敵は早くも門内に入り込んでいた。各々、手に槍を取って、縁側の上や下で戦った。

キ．織田信長は、白い帷子（かたびら）を着て、乱れ髪のまま出てきて、弓で庭の敵を刺し取り、引き詰めて矢を射た。弓の弦が切れたようで、弓を投げ捨て、十文字槍を手に取って戦った。こうした時に怪我をしたようで、白い帷子に血がかかったように見えた。槍を捨て、奥へ入り、程なく奥の方から出火した。

この文を読んで何か違和感を感じないだろうか。この話は本能寺の変に関わった斎藤利宗が自身の体験を甥に語り聞かせた話として伝えられているが、そうであれば次の点を指摘したい。

①血判状を作成する場面で、利宗も血判を押した記述がないことから、利宗は血判を押していないと考えられるが、「謀反を打ち明ける」という最高の機密を要する行為を血判状を取らない者も交えてするとは考えられない。

②また、各武将の呼び名も「光秀」「利三」と呼んでいるが、光秀の家臣である利三の三男の話であれば、「光秀様」「利三様」と呼んでしかるべき。

③「本能寺へは明智弥平次（秀満）、斎藤内蔵助利三が、軍勢2千余騎を指し向け、明智光秀は、鳥羽（山城国紀伊郡鳥羽郷、現在の京都府京都市伏見区鳥羽町）に控え織田信忠の居場所を探らせた」とあるが、信忠の所在を探るのに光秀が鳥羽にいる必要はない。

もし、賊が光秀の命を受けた斎藤利三たちであれば、光秀も斎藤利三たちと行動をともにして本能寺に向かい、一部の家臣に信忠の所在を探らせれば双方の家臣に臨機応変に指令できる。

従って、光秀が信忠の所在を探るために鳥羽に控えたというのは誰かが作り出した理由ではないだろうか。

④明智勢が本能寺に押し込んだ場面で「敵が押し寄せている様子を見て」「敵は早くも門内に入り込んでいた」とか、「弓で庭の敵を刺し取り」と書かれてあるが、この書物が利宗の体験談であれば、「我らが押し寄せている様子を見て」「我らは早くも門内

に入り込んでいた」とか、「庭にいた我らは弓で刺し取られ」と書くべきで、そうではなく、明智勢を「敵」と呼んでいるということは、まるで利宗の話ではなく、信長の家臣の話のようであり、『信長公記』や○○太閤記から得た知識ではないだろうか。中でも「当番衆が走り出て見れば、敵は早くも門内に入り込んでいた」という部分は特に極めつけで、当番衆が走り出た時点で何が見えたのかは当番衆でなければわからないことで、賊の側の発言ではない。

⑤信長の状況が時系列的に述べられているが、自身も信長の家臣と戦っているはずなので、他者をこのように観察する余裕はないはず。また、信長がこうしている間、自身が何をしていたのかが述べられていない。普通「自身が○○していて、ふと信長を見ると△△していた」というような書き方になるはずだ。

しかも、この信長の戦い方や状況は『信長公記』そっくりである。

⑥信長が奥の間に入った後、光秀の家臣は何をしていたのか。信長の家臣は多くて50名程度で、これに対し賊が光秀の家臣の斎藤利三たちであれば約2千であり、そのうちの数百人くらいしか本能寺に入れないとしても10対1である。信長が奥の間に入ってから1分も経たないうちにそこにいる家臣は討ち取れ、奥の間に押し込める。そうすれば信長はまだ切腹していないか、切腹していてもまだ遺体はほとんど焼けていないはずだ。この話が実話だとすると信長の遺体が見つからないはずはない。

これらの理由から、この話は利宗の体験談とは思えない。何といっても、本能寺の変は光秀が自身がやったと認めていることから、利宗が自身で体験したことだけでなく、『信長公記』や『〇〇太閤記』などの軍記物の小説から得た知識が混ざっていると考えられ、鵜呑みにはできない。

ただし、光秀が鳥羽に控えたことは他の書物には書かれていないことから利宗の体験・知見と考えられ、史実と考えても良いだろう。

⑤ 信長・信忠の遺体は清玉上人(せいぎょくしょうにん)が寺に持ち帰り、弔(とむら)ったという説

本能寺から4㎞のところに阿弥陀(あみだ)寺という寺があり、この寺の清玉上人という僧に信長や正親町天皇が帰依(きえ)していた。その僧が本能寺の異変に気づいて本能寺に駆けつけ、本能寺の近くの藪を通りかかると何人かの侍が何かを燃やしていた。

事情を聞くと、主君の遺命で遺体を焼いているところだと言う。そこで埋葬と葬儀を引き受け、遺骨を持ち帰った。なお、清玉上人は信長だけでなく家臣の遺体も弔い、その中には森蘭丸や信忠の遺体も含まれていたとのこと。

しかし、この話にはいくつか頷けない点がある。

まず1点目は、信長の遺体はどうやって寺の建物から運び出せたのかという点だ。賊が斎藤利三たちであれば2千人はいた。その中の200人か300人しか寺には入れないとしても、そんな寺から賊に見つからずに信長の遺体を運び出すことなどできるはずがない。

それは賊が光秀の家臣でなくても同様で、信長の家臣が本能寺から出ることもままならないはずだ。

2点目は清玉上人が本能寺の近くの藪を通りかかると信長の遺体を焼いているところだったとしよう。問題は清玉上人が埋葬と葬儀を引き受けたという部分である。信長の遺体は焼かれているところで、焼き終わるには1~2時間かかる。その間賊は何をしていたのか。遺体を焼いている清玉上人に何をしているのか聞いたり、何が焼かれているのかを確かめたりしなかったのだろうか。

そんなはずはない。本能寺に駆けつけた光秀は信長の遺体を探したが見つからなかったと伝えられている。家臣にも探させたはずだ。そんな中で遺体を焼いていれば必ず咎(とが)められるだろう。

3点目は清玉上人は信忠の遺骨も持ち帰ったという記述だが、信忠は二条新御所で死んだとされており、清玉上人が信長の遺体が焼けるのを待って、それから二条新御所に移動したとしたら、何百人もの賊が発見できない信忠の遺体を清玉上人が探して発見できるとは思えない。

以上の点から、清玉上人が信忠の遺骨はもちろん、信長の遺骨すら持ち帰った可能性は低い。

⑥ タイミングが良すぎる島井宗室の動向

信長が喉から手が出るほどほしがっている楢柴肩衝を所有していた島井宗室は5月中旬に京に来ていた。そして、信長は彼が6月初旬に北九州に帰るという話を千宗易から知らされ、楢柴肩衝を譲るよう迫るため、急遽安土城の外で茶会を開くことにし、そのために賊に襲撃されたのだが、これは偶然だろうか。

それにしては島井宗室の上京や帰郷のタイミングは本能寺を襲撃した賊にとって好都合すぎるのではないだろうか。

信長が高松城に向けて出発するのが6月4日で、茶会がその3日前ということは、信長が相当慌てて茶会を開いたことが窺える。また、宗室が6月初旬に北九州に帰ることを信長に知らせたのが千宗易であれば、島井宗室が5月に上京したのも、6月初旬に北九州に帰るのも、千宗易の罠ではないのだろうか。

もし、そうであれば、千宗易は本能寺を襲撃した賊のためにこれを仕組んだと考えるのは、果たして考えすぎであろうか。

「4．②本能寺の変以降の千宗易（利休）の異常な台頭」で述べたように、千宗易は本能寺の変以降秀吉に対する発言力が異常に強くなっている。本能寺を襲撃した賊が秀吉で、秀吉はこのことで宗易に物凄い恩を感じており、これ以降宗易の言うことは（しばらくは）何でも聞いたと考えれば辻褄が合う。

「4．①本能寺の変の直前に畿内にいた秀吉」で本能寺の変の直前の5月28日に千宗易が息子に秀吉の消息を問い合わせる書状を送ったと書いたが、文面から千宗易が相当焦っていることが窺える。ひょっとすると、その茶会は秀吉からの依頼で、この時点では秀吉は茶会の日時や場所を知らされておらず、千宗易がそれを知らせようと焦って送った書状と考えれば辻褄が合う。

もし、そうであれば、宗易は信長に「宗室殿ももう歳でござりまする故、こたび北九州に帰ったらもうこちらに来ることはないかも知れぬと申しておりました」ぐらいのことは言った可能性もある。

⑦『兼見卿記』の記載

吉田兼見という公家がおり、この人物が残した日記が『兼見卿記』と呼ばれ、歴史資料として重要視されている。この人物は元々は吉田神道の始祖家である吉田神社の生まれで神主だが、朝廷からの勅使にもなったことがあるばかりか、信長をはじめ多くの武将と交流があり、中でも光秀とは親密で、自宅にある岩風呂(サウナ)を使いに光秀が何度も訪れている。

その吉田兼見が本能寺の変の直後にも光秀に会っており、その日記に「惟任日向守(光秀のこと)、信長之屋敷本応寺へ取懸」という記載があることから、一般的に考えれば本能寺を襲撃した賊は光秀であると考えるべきだろう。

そして、光秀から家臣に本能寺を襲撃するように命じていないと言われても、「しかし、畿内に本能寺を襲撃できるような兵は他におらぬであろう」と言って光秀に言いわけの余地を与えなかったのではないだろうか。

そして、光秀が理知的であればあるほど余計に言い逃れができなかったのだ。光秀は斎藤利三と明智秀満に2千ほどの兵をつけて本能寺に向かわせたという事実と、本能寺が賊に襲撃されたという事実。これに自身が到着したら家臣が本能寺に入っており、信長の家臣を殺している。光秀としたら自身が家臣に命じていなくても、本能寺を襲撃したのは自身の家臣だと考えざるを得なかったのだ。

だから、『兼見卿記』にこう書かれているからといって、光秀の家臣が信長を殺害したと考えるのは早計である。

『本城惣右衛門覚書』によると、彼は明智家家臣の中で最も早く本能寺に入ったが、そこに信長の家臣数十名はいない。つまり、光秀の家臣は本能寺で信長の家臣と戦ってはいるものの、数十人の兵とは戦っておらず、信長も殺害していないどころか、信長を見てもいないのだ。

光秀にも息子の明智秀満にも、そして斎藤利三ら重臣にも謀反を起こそうという気持ちはなかったのに、奥から出て来た者たちが刀を構えて出て来たため戦ってしまい、本能寺を襲撃した形になってしまったのだ。

もし、本能寺の変の3日前に秀吉が畿内にいたことを光秀か吉田兼見が知っていたら、この二人の結論も違っていたのではないだろうか。

⑧ 細川藤孝・忠興親子に送った光秀の書状

明智光秀は足利義昭に仕えていた時に、直接義昭に仕えたのではなく、義昭の家臣である細川藤孝に仕えていた。光秀はその頃から藤孝と一緒に連歌会に参加したりして趣味を通じても藤孝とは親密な関係だった。

そして、足利義昭が織田信長と対面する際（1568年）にこれを仲介したことをきっかけに信長と面識を持ち、信長が比叡山を焼き討ち（1571年）した時には義昭の家臣でありながらこれに参加し、その後信長に仕えるようになったのだが、その後、細川藤孝が義昭を見限って信長に仕えた際に、光秀の家臣もしくは寄騎として仕えたのだ。

そして、それだけでなく、プライベートでも、光秀は娘の玉子（珠）を藤孝の嫡男の忠興に嫁がせており、それ以降細川藤孝とは親戚になったのだった。

光秀は本能寺の変の後、その盟友の細川藤孝とその嫡男の忠興に「信長殺害は忠興や私の子息の世代に権力を譲り渡すためにやった」という趣旨の書状を送っている。

「信長殺害は自分がやった」と光秀が認めていることから、信長は光秀に殺されたということで間違いないと考える方は多いだろう。筆者も、他に何もなければこの文面の通りに解釈し、信じてしまっていた。

しかし、光秀は本能寺の変の2日前の29日に弓・鉄砲などを入れた長持ち百個を備中に向けて送っており、かつ、本能寺が襲撃されていた時には自身は8㎞も離れた鳥羽に控えていたのだ。

そして備中にいるはずの秀吉は信長の了解なしに早くから毛利と和睦を調整し、信長が備中に来たら切腹させられる状況で、本能寺の変の3日前には畿内にいたのだ。本能寺の変に秀吉が大きく関わっていたことに疑いの余地はない。

つまり、この時光秀は織田家の重臣たちと戦わなければならないハメになったことから、一人でも多くの協力者がほしい、そんな状況で書いた書状だということを考慮しなければならないだろう。

「信長襲撃は自分がやったのではないが協力してくれ」と書いても、恩を着せることにはならず、「じゃあ、協力しよう」とはなり難い。だから自分がやったと書かざるを得なかったのだ。

したがって、この書状にこう書かれていたからといって、本能寺を襲撃したのは光秀たちであると考えるのは早計なのだ。

もっとも、光秀は自身の家臣の他に本能寺を襲撃できる兵がいないことから、本気で自身の家臣が本能寺を襲撃したと考えていた可能性も否定できない。

⑨ 結論、本能寺で起こったこと

光秀は本能寺の変の2日前に弓・鉄砲などを入れた長持ち百個を備中に向けて発送している。

また、本能寺が襲撃されている時には8㎞離れた鳥羽に控えていた。これらのどちらかだけでも光秀が謀反を起こすつもりだったとは考え難いのに、2件あるのだ。光秀には謀反を起こす意図がなかったと断言できる。

では斎藤利三や明智秀満はどうだろうか。『本城惣右衛門覚書』によると、そもそも彼らが本能寺に着いた時には信長もほとんどの家臣もおらず、襲撃しようにも襲撃できない状況で、やっと一人を斬ったに過ぎない。

それも本城惣右衛門は卑怯にも蚊帳の陰に隠れて信長の家臣が通り過ぎるところを後ろから斬ったのだ。こんな卑怯な話を作るとは思えず、信ぴょう性が高い。

つまり、彼らにも本能寺を襲撃するつもりがあったようには思えないのだ。

これらの行動に加え、光秀やその家臣が信長や信忠の遺体を発見できないことも本能寺襲撃が彼らの仕業ではないことを示している。もし、賊が光秀かその家臣であれば信長の遺体を発見できないということはあり得ないのだ（「5．④見つからない信長・信忠の遺体」参照）。

一方、秀吉は本能寺の変の前から信長の了解を得ないまま毛利と和睦を進めている。その一方で信長に援軍を要請しているが、信長が備中高松城に来て勝手に和睦を進めたことが知られれば切腹を免れない。これは信長を備中に来させないつもりだったことを意味する。

そして、その秀吉を本能寺の変の3日前に千宗易が探しており、その時秀吉は畿内にいたと考えるべきなのだ。何のために畿内にいたかは火を見るより明らかだろう。信長の殺害である。

そして、光秀と秀吉のこれらの状況に加え、本能寺の変の状況は『信長公記』（＝通説）と本城惣右衛門覚書であまりに異なり過ぎている。

『信長公記』では、

・外が騒がしいがどうした。↓謀反にござりまする。
・誰の謀反か。↓明智の手にござりまする。

（中略）

・信長は弦が切れるまで弓で応戦した。
・信長は弦が切れると長槍で戦い、手傷を負うと奥の間に入って自害した。

一方、『本城惣右衛門覚書』によれば

・自分たちが寺に着いたら門が開いており、そこにも広間にも誰もいなかった。
・庫裏から女が一人出てきた。
・御奉公衆2～3人が堂の中に入って来た。
・その時、かなりの人数の味方が入ってきて、敵は崩れた。

・我らは蚊帳の陰に入り、敵が通り過ぎようとした時に後ろから斬った。

あまりに異なる状況である。『信長公記』は太田牛一が生き残った者の証言を基に書かれており、信ぴょう性が高いが、本城惣右衛門の話も、もし作り話だとしたら、そんな話を作って本城惣右衛門に何か得があるのだろうか。否、ない。もし、本城惣右衛門が話を作るのであれば、もっと自身が活躍した話を作るだろう。こんな、蚊帳の陰に隠れて、敵が通り過ぎたところを後ろから斬るなど、かえって卑怯者と思われかねない。即ちこの話も作り話とは考え難い。

そして、本城惣右衛門によれば「自分たちより先に本能寺に入ったという者がいたらそれは嘘だ」とまで断言している。なお、惣右衛門が本能寺に到着する前に光秀の家臣以外の誰かが本能寺に来ていても、彼には知る術がなく、この発言は「明智の家臣の中で」という条件つきである。

この状況は本能寺がすでに誰かに襲撃され、信長の家臣は奥から出て来た3人以外が討たれて遺体を持ち去られ、その後に本城惣右衛門たちが本能寺を訪れた状況を呈しているようにしか思えない。そしてそこでは信長の奮戦状況どころか、信長がどこにいたとか、どうしたという話は全くない。

つまり、その時点で信長は本能寺にはいなかったことを示している。これは本城惣右衛門たちが本能寺に来る前に本能寺を襲撃した賊が信長をどこかに連れ去ったとしか考えられない。だから信長の遺体は見つからないのだ。

つまり、秀吉は本能寺で信長を襲撃するつもりであり、光秀の許に「信長様が陣容を見たいと言っている。その場所まで警護するため2千名ほどの兵を差し向けよ」と嘘をついて光秀の家臣2千人が本能寺に来るように仕向け、光秀の家臣が本能寺に到着する前に本能寺を襲撃し、信長を連れ去ったのだ。だから惣右衛門が本能寺に着いた時には門が開いていて、門にも広間にも誰もいなかったのだ。

明智秀満や斎藤利三には本能寺を襲撃する気はなかったのだが、本能寺に到着すると門が開いているので中に入り、門にも広間にも誰もいないので「どうしたことだろう」と思っていたら奥から3人ばかり出て来て、彼らが刀を持って戦う姿勢なので、最初の平穏な気持ちはふっ飛んでしまい、戦う形になってしまったのだ。そして一人は本城惣右衛門が斬り、他の者は崩れて、後、どうなったのか記録はないが、光秀の家臣が本能寺を襲撃した形にされてしまったのだ。

この時、秀吉の家臣の多くは備中で毛利と対峙する必要はなく、本能寺の変後急いで光秀を討つ必要があるため、秀吉自身の居城である姫路に控えさせたと考えられる。世に言う「中国大返し」も、秀吉の居城だった姫路からであれば2〜3万の兵も12日までに山崎までに移動が可能であることから、「中国大返し」ではなく、姫路からの「中国小返し」だったのではないだろうか。だから実行できたのだ。

本能寺で信長を襲撃したのが秀吉だから、備中にいたはずの秀吉が信長の遺体が出て来ないことを知っており、光秀の寄騎たちに「信長・信忠が生きている」という嘘の書状を送ることができたのだ。このため、光秀の娘の嫁ぎ先である細川忠興やその父で光秀とは足利将軍に仕えていた時から主従の間柄であった藤孝をはじめ、光秀の寄騎たちの多くが光秀に味方しなかったのだ。

⑩ 千利休の切腹の理由

本能寺での茶会は千宗易（利休）が画策し、これによって秀吉が信長殺害を実行できたとしたら、その後大友宗麟が島津に攻められて救援を要請した際に、秀吉の弟の秀長から、「内々のことは宗易（利休）に、公儀のことは某（それがし）（秀長）に」と言わしめたほど秀吉に対して発言力があったことも頷(うなず)ける。

千宗易のことである。北条氏が助命を条件に降伏したにも拘わらず氏直以外に切腹を申しつけられた際や誠仁親王を死なせた際に秀吉にかなり手厳しく苦言を呈したことが想像される。そして秀吉はその都度煮え湯を飲まされる思いをしたに違いない。だが、この時は弟の秀長が生きていた。秀吉が宗易に何かをしようとすれば、直ちに秀長が諫(いさ)めに飛んで来て、秀吉は宗易を処罰できなかったに違いない。

しかし、利休が切腹をした後、何があったか。そう、朝鮮出兵、いわゆる文禄の役である。利休はこれにも大反対したのではないだろうか。そして、海外に進出しようとする秀吉に対して、「これでは信長と同じだ」「茶会を開くべきではなかった」とか、「協力したことを後悔している」などと言って責めたのではないだろうか。

利休の切腹の原因としては通説では次の2点が挙げられている。

①大徳寺三門（山門）の金毛閣に安置された千利休の木像が不敬であったこと（秀吉が三門を通る際に利休の像の股下をくぐらされる）。

②道具を法外な高値で売り、売僧(まいす)と成り果てていたこと。

しかし、①が気に入らないならその像を撤去させれば良い話だし、②も法外な値段であっても、買う者がいるから成り立つ話で、利休だけが悪いわけではなく、これも気に入らなければ「利休、やめよ」とか、「金を返してやれ」と言えば済む話だ。

ところが秀吉はそうしなかった。なぜか。この大徳寺の三門の像はただ単に利休の股下をくぐらせただけではないのだ。そこに本能寺の茶会が関わって来るのだ。

「あなた様は何かお忘れではござりませぬか？　一体誰のおかげで天下を手中に収めることができたとお思いで？」。秀吉は大徳寺の三門を通るたびに利休からそう言われているような気がした。いや、大徳寺に行かなくても、そこにその像があると思うだけで、利休がそう言おうとしていると思えて我慢ならなかったのだ。

秀吉にすれば、「確かにそなたには手を借りた。しかし、天下を取ったのはこのワシじゃ。信長や信忠を襲撃したのも、光秀や（柴田）勝家を討ち取ったのも、そして信長の遺児たちを手玉に取ったのもすべてワシじゃ。これらの功績より茶会を開いただけのほうが上のはずがあるまい」という思いだったに違いない。

通説では、秀吉は利休に謝ってほしいだけだったと言われている。しかし、一体何を謝ってほしかったのか。もちろん、「大徳寺三門に利休の像を置いたことを」ではあるが、「股下をくぐらせたことを」ではなく、「自分のおかげで天下を取れたのだから、自分のほうが上である」と暗に言わんとしたことを、である。

本件は「第2部」の中の「利休、切腹」に関連する。

新説、4人の天下人

黒田官兵衛からの提案(謀反を提言)

足利幕府の第15代将軍である足利義昭は仏門に入っていたが、13代将軍だった兄義輝が三好3人衆に殺害されると、還俗し朝倉義景の許に身を寄せた。しかし、義景は京に攻め上ろうとしないため、永禄11年(1568年)に尾張の織田信長を頼った。

信長は京でのさばっていた三好3人衆を破って義昭を将軍に据えたが、諸国に書状を送って支持を取りつけようとする義昭を制し、自身の意のままに使おうとしたため、義昭は信長に反発し、元亀4年(1573年)に武田信玄や朝倉義景らと呼応して信長包囲網を築いて信長を討とうとした。しかし、信玄が信長を討つ前に死んだため、信長包囲網は瓦解し、義昭は京を脱出した。

秀吉は同年に京都から逃れて堺にいた足利義昭に帰京を促しに行った。この時、毛利家の外交僧である安国寺恵瓊も同席しており、恵瓊はその直後に毛利家重臣に「信長はいずれ謀反に遭う。その犯人は秀吉だ」という趣旨の書状を送っている。

この書状については「5.③安国寺恵瓊の書状」にて述べた。つまり、秀吉はこの時点ですでにいずれ信長を殺害することを恵瓊に打ち明けたということだ。そしてそれは黒田官兵衛からの提案ではないかと考える。

なぜそう考えるかというと、通常、ある出来事があり、それをそのまま伝えることがはばかられて話を作り変える場合、その出来事に貢献した者は、その時の状況や発言を変えても、その者が貢献したことは変えないで花を持たせることが多い。

そして『惟任退治記』には秀吉が本能寺の変を知り、主を失ったことで悲嘆にくれているると官兵衛が「天下への道が開けた」と諭したと書かれている。つまり、信長を殺害したのが秀吉なのだから、秀吉が信長の死を知って悲嘆にくれるはずはない。それなのにそう書かれて花を持たせていることから、官兵衛のおかげで謀反が成功したからだと考えられる。

官兵衛は秀吉の部屋に入ると寝転がっている秀吉に言った。

官兵衛「秀吉様。足利義昭様が将軍として京に帰っても飾り物に過ぎず、信長様の言いなりで、いずれ信長様は毛利を成敗し、天下を掌握することになりましょうが、いかがなさるおつもりで?」

秀吉「いかがなさる、とはどういう意味じゃ?」

官兵衛「信長様は日本を支配したら異国に討って出るおつもりでござる」

秀吉「そうなれば一生戦い続けることになるであろうな。嫌じゃのう」

官兵衛「某（それがし）も嫌でござる」

秀吉「何とかならぬものかのう」

官兵衛「信長様がいる限り何ともならぬと存ずる」

秀吉「『信長様がいる限り』か。謀反を起こしても勝ち目はないし、どうにもならぬか……」

官兵衛「手がないわけではござらぬ」

秀吉は半身を起こしながら言った。「何、手があると申すか?」

官兵衛「信長様が城外に宿泊するようにし、そこを襲撃するのでござる」

秀吉「うーむ、城外に宿泊しているところを襲撃すれば、襲撃自体はうまく行くかも知れぬが、その後織田家全体が仇討ちに来るであろう。いくらワシでも、織田家全体を敵にしては勝ち目はない」

官兵衛「信長様を殺害した罪を他人に着せるのでござる。そして秀吉様は主君の仇討ちと称してその罪を着せた相手を討つ。そうすれば織田家内での発言力も増しまする」

秀吉「信長様を殺害した罪を他人に着せるじゃと。左様なことができるのか」

官兵衛「今の段階で『できる』とは断言できませぬが、状況によっては可能でござる。しかし、どのような策を用いるにしても、敵と戦いながらでは実行は困難でござる」

秀吉「それはその通りじゃが、じゃからどうせよと申すのじゃ」

官兵衛「信長様はほどなく毛利征伐を始めることでござりましょう。そして、毛利に勝てば天下統一は目前でござりまする。九州の大友や島津、四国の長宗我部、北条、上杉も信長様自身が手を下さずとも家臣の力で簡単に落ちましょう。故にこの毛利攻めが信長様殺害の最後の機会かと思われまする」

秀吉「それで？」

官兵衛「毛利と手を組み、毛利攻めの最中に信長様を殺害するのでござる」

秀吉「毛利と手を組む？　これから毛利攻めじゃというのに、そんなことができるのか？」

官兵衛「戦いを始めてしまえば双方に被害が出て、それが恨みになり、また、相手はこちらが騙しているかもしれないと疑い、手を組むことが難しくなり申そう」

秀吉「ふむ、それはそうじゃ。それで？」

官兵衛「従って、手を組む話を持ちかけるなら、戦いを始める前にするべきと存ずる」

秀吉「なるほど、それはもっともな話じゃ。今度足利将軍に帰京を促しに堺に行くが、その謁見(えっけん)には毛利の使者も同席することになっておる。その晩にでも酒をくみ交わし、この話を匂わせてみるか」

官兵衛「それはちょうど良い機会がおありで」

秀吉「しかし、信長様をどうやって城外に宿泊させる？」

官兵衛「城外で茶会を開き、信長様を招待する、というのはいかがでござりましょう」

秀吉「うむ。それは良い手かも知れんのう。しかし、信長様がそう簡単に来るかのう」

官兵衛「そこをうまく理由をつけて」

秀吉「うーむ。うまい理由か。例えばどんな」

官兵衛「いや、某は茶に親しみがなく、皆目見当(かいもく)※がつき申さぬ。茶会のことなら宗易殿に相談してみるのが宜しいかと存ずる」

秀吉「いや、人に相談などできぬ。もし、『おそれ多くも』、と信長様に訴えられたら、一巻の終わりじゃ」

官兵衛「宗易殿は堺の商人でござる。堺の商人はかつて信長様から30万貫もの矢銭を要求され、それを受け入れられぬと戦ったのでござるが敗れ、渋々その矢銭を払うており、信長様を恨んでいると存じまする。その恨みも一緒に晴らせるとなれば、この話に乗って来るのではないかと存じまするが、いかがでござりましょう」

秀吉「ふむ。なるほど。それとなく探りを入れてみて、もし、相当恨んでいるようなら話を持ちかけても大丈夫かも知れん」

官兵衛「以前そういうことがあったとしても、今は信長様のご茶堂でござる。その変の判断は慎重に慎重を期してくださりませ」

※黒田官兵衛は、「狭い個室で主人と客が膝を突き合わせるのは不用心である」との理由で茶の湯を嫌っていた。ある日秀吉が茶室に官兵衛を招き、茶の湯の名目で個室に入り、密談をしても周囲に怪しまれない、と諭し、以来官兵衛も茶の湯に親しむようになったと伝えられているが、それがいつのことかは定かではない。

安国寺恵瓊との初対面（手を組む打診）

毛利家の外交僧である安国寺恵瓊は天正元年（1573年）に当時京都から逃げていた足利義昭に羽柴秀吉が京に帰るように要求する交渉に同席し、その直後に毛利家重臣の山県越前守と井上春忠に「信長之代、五年、三年は持たるべく候。明年辺は公家などに成さるべく候かと見及び申候。左候て後、高ころびに、あおのけに転ばれ候ずると見え申候。藤吉郎さりとてはの者にて候」と書いた書状を送っていることはすでに述べた。

そして、その書状が「信長は3年、5年の後、秀吉の謀反によって滅びるだろう」という意味だとも述べた。

秀吉と恵瓊が最初に会った際の会談の内容がわかる資料は何もないが、昼間朝山日乗や足利義昭が同席している席で謀反の意向を打ち明けたとは思えず、二人だけの席で何らかの形で打診したのではないだろうか。そう考えると、足利義昭に帰京を要求する会談の夜、二人だけで会ったと考えられる。

秀吉「恵瓊殿、昼間は義昭様や日乗たちが同席しておった故、堅苦しい話ばかりで、失礼いたし申した」

恵瓊「『堅苦しい話ばかり』とはどういう意味でござりまするか。信長殿の意向を義昭公に伝え、義昭公の意向を伺ったうえで意見を交換した、言わば当然の話であったと存じまするが」

秀吉「恵瓊殿、ま、ま、取りあえず一杯いかがでござるか?」

恵瓊「あ、お、まあ、では一杯だけ」

秀吉「恵瓊殿は元々は毛利とは敵対していた武田家の武将と聞いており申す」

恵瓊「それはその通りでござる。そして武田が毛利から攻められ、落城する際に逃げ、出家したのでござる」

秀吉「それにしてもよく敵であった毛利家に仕えることができまするな」

恵瓊「勝敗は時の運でござる。毛利が悪いわけでも、武田が良いわけでもない。強いていえば武田が弱かった、いや、元就様が強かったのでござる。故に毛利を恨んだことは一度もござらぬ。それに、元就様は欲のないお方で、家臣・領民の幸せばかりを願うておる。そればかりか、元就様には侵略するための戦は全くないのでござる。敵から攻められるか、攻めなければ自国がやられる。そんな戦ばかりなのでござる。それがわかった時、あの方のために働きたい。そう思ったのでござる」

秀吉「なんと、『家臣・領民の幸せばかりを願うておる』とな? 素晴らしい。某も元は百姓でござってな、百姓は武士と武士が戦をするたびに田畑を荒らされる。某が武士になったのはこの世から戦をなくし、百姓の田畑が荒らされることをなくしたいと考えてのこと。某もその元就殿に一度会うてみたかったものでござる」

恵瓊「なんと、秀吉殿が左様なお考えをお持ちとは。それで、信長殿の『天下布武』に乗ったわけでござるか。しかし、世の中から戦をなくすとはいえ、毛利家が黙って信長殿に滅ぼされるわけにはいかぬ」

秀吉「しかし、信長様は畿内から尾張にかけてのみならず、北陸や東海まで支配しており、毛利殿に対しても、東から城を一つずつ落として行き、丸裸にしてから攻めれば簡単に落ち申そう。最早毛利家は風前の灯火でござる」

恵瓊 「じゃから何じゃと申すのか。毛利に、戦わずして降参せよと申すのでござるか?」

秀吉 「さに非ず。実は風前の灯火は某も同じでござる。そこで相談がござる」

恵瓊 「貴殿も風前の灯火? 相談? 一体どういうことでござるか?」

秀吉 「某は信長様から以前蟄居(ちっきょ)を命じられており申す。それに加えて某には教養がござらぬ。信長様が日本の支配を固めたら織田家から追放されることになり申そう」

恵瓊 「なるほど。それで貴殿も風前の灯火じゃと?」

秀吉 「信長様は日本を支配したら異国に討って出て、世界を支配するようなことも申されておる。そうなれば某は一生異国で戦い続けることになり申す。それは織田家から追放されるよりいやでござる。そのどちらも避けるには風前の灯火同士の毛利家と某が手を組み、信長様を亡き者にするしかござらぬ」

恵瓊 「しかし、信長様を亡き者にすると申しても、安土城でも戦場でも多くの家臣に囲まれていて、斬りかかることはままならぬのではござらぬか?」

秀吉 「それはこちらで考え申す。ただ、敵と戦いながら謀反を起こすのは不可能でござる故、毛利殿は某と戦っている振りをし、某が陣におらずとも攻めかかって来なければ良いのでござる」

恵瓊 「しかし、その話、真(まこと)でござろうな。我らに油断させるための嘘ではござるまいな?」

秀吉「織田家は今や畿内のみならず、東海から北陸にかけても支配しており、しかも、織田家の頭領である信長様はもちろん、その片腕である明智光秀や某も百戦練磨の強者でござる。

一方毛利殿は吉川家、小早川家と相談しなければ何ごとも進まない体制であり、しかも総大将の輝元殿はほとんど戦の経験がない。

もし、織田家と毛利家が戦うことになった場合、毛利家に勝ち目はござりますまい。毛利殿は最早某と手を組む以外生き残る道はござらぬ。某を疑っている時ではござらぬ」

恵瓊「うむ。それもそうでござるな」

秀吉「ハッハハッハッ。まあ、もう一杯」

恵瓊「いや、秀吉殿、酒を食ろう※ておる場合ではござらぬ。毛利家の行く末に関わることでござる。毛利がどうすれば良いのか、もう少し具体的に聞かせてもらわねば、こちらとしても考えようがござらぬ」

秀吉「恵瓊殿、毛利殿に何かしてもらいたいわけではござらん。先ほども申した通り、逆に何もしないでいただきたい」

※ 昔の酒はにごり酒で、「飲む」とは言わず、「食う」と言っていた。

恵瓊　「何もしない？」

秀吉　「まずは、織田家と毛利家が戦うことになったら、某を毛利攻めの総大将にするようにお願いする所存でござる。そして、もしそうなったら某はしばらくは一生懸命毛利を攻めている振りをする必要がござる。こちらが本気で戦わない故に、そちらも本気で戦わないでもらいたい、ということでござる」

恵瓊　「なるほど」

秀吉　「しばらくは毛利側の城のうち、播州に近い小城をいくつか攻め落としているように見せ、信長様を安心させた後、隙を突いてことを起こす故、それまでは攻められた城はそこそこ戦った振りをしてから降伏し、死者を最小限に留めるのが良いと存ずる。そしてその後、ことを起こし申す」

恵瓊　「ふむ。毛利家存続のためであれば何でもいたす。何なりと申してくだされ」

秀吉　「恵瓊殿、輝元殿は亡き元就殿の遺言で天下を望まぬと聞いており申す。されば、某に協力していただければ、毛利家をそこそこの規模で存続いたす。それでよろしゅうござるな」

恵瓊　「ふむ。貴殿の話はわかった。まずはこの話を毛利家の誰にするかでござるな」

秀吉　「それは貴殿に任せる故、よしなに」

史実がこの通りとは思わないが、史実と多少の相違はあっても、大筋ではこのような会話がなければ恵瓊が山県越前守と井上春忠に宛てた書状にならないのではないだろうか。

秀吉、茶会に信長を招待する方法を千宗易に相談

信長が備中に出陣する直前に急遽本能寺で茶会を開いたこと、茶会の目的である「楢柴肩衝(かたつき)」という名物茶器を信長が求めていたこと、その茶器の持ち主である島井宗室が本能寺の変の直前に京に来ており、間もなく北九州に帰ると信長が千宗易から聞いたこと、本能寺の変の直前に備中にいるはずの秀吉の所在を畿内にいる千宗易が息子に聞く書状を送ったことなどから、本能寺での茶会は千宗易が仕組んだと考え、次のような会話があった可能性もあると考える。

宗易 「これはこれは秀吉様。わざわざお越しいただくとは一体何ごとでござりましょうか」

秀吉 「いやいや、近くに来た故、宗易殿のうまい茶をいただきたいと存じましてな」

宗易 「ほほう、織田家の重臣の秀吉様に左様に思っていただけるとは、これは名誉なことでござりまする。ではこちらへ」

宗易と秀吉が並んで茶室に向かい、宗易が先に茶室に入り、続いて秀吉が茶室に入り、戸を閉める。

秀吉　「貴殿も堺ではすっかり顔役になられたようでござるな」

宗易　「商売のほうはさっぱりでござりまするが、茶の湯のほうではおかげ様で慕ってくださる方(かた)がおりまして、少しは名を馳せることができたかと存じまする。粗茶でござる」と言って、茶を入れた碗を秀吉に差し出した。

秀吉は碗を取って一口飲み、言った。「それにしても利休殿は優秀な人物を弟子に持っておられる。侍や中には武将もいる。大したものでござる」

宗易　「なんの、なんの。秀吉様こそ中村半兵衛様や黒田官兵衛様など一国の主でもおかしくないほどの人物を家臣にし、まことに大したものでござりまする。どうすれば左様な仕儀になるやら、ぜひともご教授願いたいものでござりまする」

秀吉　「某が信長様に仕えているのは、信長様が唱える「天下布武」に惹かれたからでござる。武力で天下を治め、戦のない世を作る。これは某の信条でもあった故、これを聞いた時には心が震えたほどでござった。

百姓は一所懸命に米を育て、さあ収穫という時に戦になれば田畑は荒らされ、全滅でござる。それをなくすこと。それが某の夢でござった」

宗易　「戦のない世を作る。これはまたたいそうな夢でござりまするな。いや、もはや夢ではなく現実になりつつある。夢の実現までもう一息でござりまするな」

秀吉　「それがそうではないのでござる。信長様は日本を支配したら異国に討って出ると申されておる。そうなれば我が国の田畑は荒らされぬが、異国の田畑が荒らされ、異国の百姓に迷惑をかけることになる。

それに我らよ。我らは信長様がすべての異国を支配するまで戦い続けなければならぬということになる。そうなれば我らは死ぬまで異国で戦い続けなければならぬということでござる」

宗易　「異国でござりまするか。それは難儀でござりまするな」

秀吉　「難儀どころではない、万事休すでござる」

宗易　「で、どうなさるおつもりで？」

秀吉　「話は変わるが、信長様から堺が矢銭30万貫を要求された時には宗易殿もいくらか負担させられたのでござろうな」

宗易　「あの時は最初は矢銭は10万貫でござりました。それを飲めぬと兵を雇って戦い申したが、所詮は烏合の兵、簡単に敗れてしまい、矢銭を払うはめになり申した。すると信長様の要求は30万貫に上がり、皆、戸惑い申した」

秀吉　「その折りはずいぶん信長様を恨んだことでござろうな」

宗易「秀吉様。今や信長様は飛ぶ鳥を落とす勢いでござりまする。そして手前はその信長様の茶堂をしておりまする」

秀吉「では恨まなかったと申されるか？　某も以前、上杉と戦う勝家殿に援軍に向かわされたものの、勝家殿と戦い方が合わずに引き返したところ、蟄居を命じられた。その時は切腹を命じられる直前に松永久秀が兵を起こし、これを鎮めるように命じられて切腹は免れたが、勝家殿の策は愚策であの後勝家殿は上杉にことごとく敗れたのでござる。あのまま勝家殿に従っていたら某の命もなかったかも知れぬ。にも拘わらずその愚策を非難した某に蟄居を命じた。あの時はずいぶん恨んだものでござる」

宗易「秀吉様。ここだけの話にしていただけますかな？」

秀吉「もちろんじゃ。某も人に聞かれたら命がなくなるようなことを申しておる。すべてここだけの話でござる」

宗易「信長様の茶堂になってから何度か二人きりになったことがござる。その時は短刀を隠し持っておき、斬りかかろうかと考えたこともござったが、手前は商人、武士であり家臣をへし斬りしたことがある信長様に斬りかかっても取り押さえられるだけでござりましょう。そして、そうなれば手前だけでなく、妻子も親兄弟も獄門磔になり申す。とても実行できるものではござらぬ」

秀吉「ふむ……。宗易殿、よう話してくれた。これで某も相談しやすくなったというものよ」

宗易「手前に相談でございまするか？ はて、手前で役に立ちますやら」

秀吉「もし、仮にじゃが、誰かが信長様に謀反を企てており、それを知ったら、信長様に言上いたす所存でござるか？」

宗易「左様でございまするな。まあ、某は武士ではございませぬ故、誰と誰が戦うとか、誰が誰に謀反を起こすなどということとは無縁でございまする。信長様に言上して恨まれるのもいやなので、知らぬ振りを続けましょうな」

秀吉「何と、知らぬ振りじゃと？ 仮にその誰かが某でもか？」

宗易「先ほども申しました通り、手前もかつては信長様に一矢報いたいと考えたことがある身。それを誰かがやってくれるなら、むしろ手伝いたいくらいでござる」

秀吉は「何と、手伝いたいじゃと？」と言った後、「結構なお手前でござる」と言って、茶碗を床に置き、「相談というのはな、実は、これは他言無用に願いたいのじゃが、実は京で信長様に茶会を開いてもらいたいのでござる」

宗易「信長様に京で茶会を開いてもらいたいということは尋常ではございませぬな。秀吉様は信長様のおかげで大出世なさり申した。その信長様を討つとは義がございませぬぞ。それほどまでに恨んでおりますのか」

秀吉「先ほど申したように信長様は日本を支配したら異国に討って出ると申しておる。某は今は織田家の重臣でござるが、信長様がこの国を平定したら織田家から追放されるか、一生異国で戦い続けることになろう。そうなれば異国の武士や百姓にどれほど迷惑をかけることか。それを防ぐこともできるのでござる」

宗易「織田家には信長様のお子たちや優秀な重臣が多くおり申す。信長様お一人を討ってもその後これらの方たちが結束して秀吉様を討ちに来ますする。いかに秀吉様が戦上手でもかないますまい」

秀吉「それは百も承知の上でござる。それを何とかするのが某の役目。お任せくだされ」

宗易「ふむ、左様でござりまするな……。京で茶会を開くだけならしょっちゅうやっており、造作もないことでござるが、信長様をお招きするとなると何か理由がなければ難かしゅうござる」

秀吉「それを考えてほしいのでござる。茶会のことなら宗易殿をおいて他にはおらぬ。信長様が城外の茶会に出席する良い方法を考えてもらいたい」

宗易「左様でござりまするな」と言い、秀吉が差し出した茶碗を受け取り、しばらく考え、「楢柴肩衝(かたつき)という名物茶器がござりましてな。島井宗室という北九州の商人が持っているのでござるが、以前、信長様はこの茶器を譲るように迫るために茶会を開こうとしたことがござりました。ところがその直前に急遽武田と戦うことになり、茶会は延期になり申した」

秀吉「おお、その茶会のことなら覚えておる」

宗易「その島井宗室に上京してもらえば、信長様は楢柴肩衝を譲るように迫るために再度茶会を開くと思われまする。そして町人を呼ぶことから、城内ではなく、城外のいずれかの寺で開くと思われまする」

秀吉「それは良い手でござる。ぜひともその島井宗室殿に上京するように依頼してもらいたい」

宗易「承知仕り申した。宗室殿は茶の湯仲間であり、手前の屋敷にも何度か泊まったことがござる故、手前が頼めばきっと聞いてくださり申そう」

秀吉「何分よしなに」。秀吉は頭を下げた。

宗易「しかし、秀吉様。宗室殿にはもちろん、手前にも火の粉がかかるようなことはござりますまいな？」

秀吉「それは全くない。もし、うまく行かなかった時は知らん顔をしていてくだされば良い。何か不都合なことが生じても、すべてこちらでしたことにする」

宗易「くれぐれもお願いしますぞ」

秀吉「かたじけない。一生恩に着る」

秀吉は宗易の屋敷から出ると、屋敷に向かって再度頭を下げ、屋敷を後にした。

官兵衛の提案（水攻めと信長襲撃方法の提案）

秀吉は天正10年3月5日に山陽道に向けて出発しており、その前の2月頃に信長から中国攻めを命じられ、播磨が「切り取り次第」となる。

官兵衛「秀吉様、中国攻めの総大将に任じられたとの由、まずはおめでとうございまする。して、その後、毛利と手を組む話や茶会の話はいかがなことになり申したでござろうか？」

秀吉「うむ。毛利はこちらに協力すると言うてきておってな、取りあえず東側からいくつか小城を攻める故、いくらか戦う振りをした後降伏してもらうことになった」

官兵衛「茶会のほうは？」

秀吉「茶会のほうは楢柴肩衝という信長様が喉から手が出るほどほしがっている名物茶器があってな。その持ち主にその茶器を譲るように迫るために、信長様は一度茶会を開こうとしたことがあった。ところがその茶会は武田との戦のために流れて、そのままになっておる。その持ち主は島井宗室というて北九州に住んでおるらしいのじゃが、その者に上京するように頼むことになった。そうすればその者にその茶器を譲るように迫るために、信長様のほうから茶会を開くであろう」

官兵衛「ことを起こす際はこちらが動き易いように水攻めの最中が良いと存じまする。島井宗室殿が上京する前に水攻めを始めておき、島井宗室殿が上京したらすぐに早馬で援軍を要請できるようにしておかねばなり申さぬ」

秀吉「なるほど、水攻めか。では、毛利方にどの城を水攻めするのが良いか考えるように依頼するとしよう」

官兵衛「島井宗室殿のことは信長様にはしばらく伏せておき、信長様の出陣の日が決まってから、その直前に島井宗室殿が上京していることや、出陣後間もなく帰郷し、『もう歳故上京しない』と言っていると伝えれば信長様は慌てて城外で茶会を開き申そう」

秀吉「その茶会の場所で信長様を襲撃するのじゃな？　じゃが、どうやってそれを光秀のせいにする？　光秀は茶会には出ずに戦の支度をするか、あるいはすでに出陣しておるぞ」

官兵衛「出陣の準備を進める光秀殿に『信長様が陣容を見たいと言っている』と伝えるのでござる。そして陣容を見る日時や場所は指定せず、光秀殿が場所を選び、そこまで信長様を案内するようにすれば、自身はどこか広いところで待機し、信長様を迎えに家臣を向かわせるはずでござる。光秀殿の家臣が茶会の場所に到着する直前に信長様を襲撃するのでござる」

秀吉「光秀の家臣が茶会の場所が襲撃された様を見てそのまま光秀を呼びに行ったり、さらに信長様のご子息たちに知らせに行ったらどうする。光秀に罪をなすり付けることができなくなるのではないか？」

官兵衛「そのためにも襲撃する前から『明智じゃ』と名乗っておき、さらに信長様の家臣をすべて殺すのではなく、何人か残すのでござる。さすれば光秀殿の家臣が茶会の場所に着いたら信長様の家臣は再度襲撃に来たと思い、戦うことになり申そう」

秀吉「……」

官兵衛「そこで信長様が宿泊していた建物に火をつければ、煙を見た光秀殿は何ごとかと駆けつけるはずでござる。そして自分の家臣が信長様の家臣を討ったところを目にし、信長様をも殺害したと思う」

秀吉「何と、そこまで考えておるとは、真におそろしい男じゃ」

官兵衛「それだけではござらん」

秀吉「他にも何かあるのか？」

官兵衛「遺体はすべて持ち去るのでござる。信長様の遺体も含めて。ただし、信長様はどこか離れた場所に連れて行って、そこで殺害する手もござる」

秀吉「遺体を持ち去ってどうする。遺体が何かの役に立つとでも申すのか？」

官兵衛「されば、信長様の遺体がなければ光秀殿は信長様が生きているのか死んでいるのかわからず、その後すぐには動けますまい。また、家臣の遺体が転がっていれば光秀殿の家臣は一大事が起きたことを悟り、そのまま光秀殿や他の重臣を呼ぶかも知れませぬ。そうなれば何者かが信長様を襲撃したと知られましょう。そうなれば光秀殿に罪をなすりつけることができ申さぬ。しかし、遺体がなければどうしたことかと思いつつ信長様が宿泊しているところに入って行き申そう。そこで生き残っていた信長様の家臣と戦いになり、明智家家臣が襲撃した形が完成するのでござる」

秀吉「なるほど。それは良い手じゃ」

官兵衛「そしてさらに、数日後、光秀殿の寄騎衆に『信長様は生きている』と伝えるのでござる。遺体がなければ誰も嘘と見抜くことができ申さぬ。信長様が生きていると思えば光秀殿に加担し辛く、その後光秀殿を討つ際に被害が少なくなり申す」

秀吉「何と、光秀の寄騎衆まで騙（だま）すのか。しかし、信長様は死んでいるのに生きていると伝えて大丈夫か？」

官兵衛「ハッハッハ。一体、誰がそれを咎（とが）めると言うのでござる。信長様はこの世にいないのでござる。また、他の重臣たちから咎められたら『光秀殿に味方させないためについた嘘じゃ』と言えば、それ以上咎める者はおりますまい」

秀吉「なるほど。それもそうじゃのう」

官兵衛「後は秀吉様が信長様の仇討ちと称して光秀殿を討つ。それによって織田家内での秀吉様の発言力が強くなる、という仕組みでござる」

秀吉「目の上のタンコブであった光秀もいなくなれば、織田家中にワシを凌(しの)ぐ者はおらん。信雄も信孝も互いに張り合うように持って行けば操るのは容易じゃ」

官兵衛「その光秀殿にも信長様の仇討ちとは伝えず、光秀殿に味方すると伝えておき、光秀殿の陣に入ってから牙を剝(む)けば、容易に光秀殿を討つことができ、被害が少なくなり申そう」

秀吉「あ奴は公家との折衝を命じられた時から某を見下しており、某も何かにつけてあ奴をおだてておるからな。信長様が日本を支配したら異国に討って出ると聞いた時も、『そうであれば我らは一生異国で戦い続けなければならぬ。そうしなくて良いようにしてくれるなら何でもする』と伝えてある。某が味方すると言えば疑うまい」

官兵衛「後はいつ、どこで茶会を開くか、でござる」

秀吉「それも宗易殿に、わかり次第に連絡するように頼もうと思うておる」

秀吉はその旨を書状にしたため、使者を宗易の屋敷に向かわせ、自身は兵とともに山陽道に向かった。

秀吉は安国寺恵瓊から、高松城は周りが湿地帯故に水攻めをし易いとの書状を受け取り、それで進める旨を返信する。

秀吉、信長の茶会の時期の調整方法を宗易と相談

千宗易は島井宗室に上京を依頼する文を送り、その回答を伝えに秀吉の許を訪れる。

宗易「秀吉様、宗室殿から返事が来まして、5月中旬になら上京できるとのことでござります る」

秀吉「5月中旬でござるか。ちょっと先でござるな。承知仕った。それまで、某は毛利の小城を東から攻め落として行き、5月には高松城の水攻めを始めておこう」

宗易「水攻めでござりまするか」

秀吉「うむ。水攻めであれば膠着（こうちゃく）状態になり、そこに毛利の本体が来ると言うて信長様に援軍を要請する。そうしたら信長様は出陣することになる」

宗易「宗室殿が上京していることはいつ頃信長様にお伝えすればよろしゅうございまするか？」

秀吉　「そうじゃのう、あまり早く伝えてさっさと茶会を催されても、光秀をおびき寄せることができぬ。光秀が出陣する数日前が良い」

宗易　「では光秀殿の出陣の数日前に信長様に左様お伝えいたし申そう。しかし、出陣の数日前だと、毛利討伐から帰って来てから茶会を開こうと思うやも知れませぬ」

秀吉　「そこじゃ。光秀の出陣の日が決まったら、その数日前に宗室殿が上京していることだけでなく、ほどなく、そうじゃのう、出陣の4~5日後がええかのう。それくらいに北九州に帰り、『もう歳故、今度帰郷したらもう上京は無理じゃ』と言うておったと伝えてもらいたい。信長様は慌てて茶会を開くことでござろう」

宗易　「なるほど。それなら毛利征伐後まで待てませぬな」

秀吉　「その茶会の日時と場所がわかったら、すぐに知らせてほしいのでござる。そのためにはその茶会のご茶堂を命じられたら何か理由をつけて断ってもらいたい。よろしゅうござるか？」

宗易　「承知仕り申した。備中にいる秀吉様に早馬を出し申そう」

秀吉　「いや、某は備中にはおらぬ」

宗易　「どういうことでござりまするか、高松城で毛利と対峙しているのではござりませぬのか？」

秀吉　「そのことでもう一つお願いがござる。信長様の出陣前幾日か某と家臣2百名ほどを京のどこかに匿ってほしいのでござる」

宗易 「何と、そういうことでござりまするか。みどもも乗りかかった船でござる故、何とかして差し上げたいところでござるが、しかし、2百名となるとどこかの寺か何か結構広い建物でなければなりませぬぞ」

秀吉 「いや、寺はまずい。外からよく見えるし、人の出入りもある。どこか、もっと、人の出入りが少なく、外から見えぬ所はないか？」

宗易 「いやーそう申されましても、みどもの屋敷は堺でござるし、困りましたなー」

秀吉 「頼む。迷惑はかけぬ。貴殿も先日信長様を恨んでいると申したではないか。貴殿が力を貸してくれればその恨みも一緒に晴らせるのでござる。頼む」

宗易 「分かり申した。みどもの娘夫婦が京に住んでおり申す。秀吉様と家臣の方々にはみどもの娘夫婦の屋敷に潜んでいただきましょう。ただし、明るいうちは外に出ず、人目につかぬよう、くれぐれもお願いいたしますぞ」

秀吉 「いやー助かる。これで道が開けた」

宗易 「しかし、信長様は茶会を開いても、茶会が終わったらそのまま城に帰るかも知れませぬぞ」

秀吉 「それはこちらが何とかする。多くの客人に訪ねてもらい引き留めるとか、何か手を打つ」

宗易　「うまく行くと良いのでござるが」

秀吉　「宗易殿。この秀吉、生涯恩に着申す」

秀吉とその家臣を宗易の娘の屋敷に匿ったと考える根拠は、当然本能寺の変の3日前に宗易が秀吉の所在を訪ねる書状を娘婿の少庵に送っているからである。

もし、秀吉が少庵と関係なくどこかに匿ってもらったのなら、宗易は少庵に秀吉の消息を尋ねる書状を送ったりせず、直接その匿ってくれた者に書状を送ったはずだ。宗易が秀吉の消息を尋ねる書状を少庵に送ったことから、秀吉たちは少庵に匿われたと考えた。

それに、秀吉を匿ってもらうことは誰にでも頼めることではない。「何のために？」と聞かれて「謀反のため」などと言えるわけがない。

また、その書状には「上様御上洛の由承わった」とも書かれてある。宗易の娘婿の少庵には信長の上洛など関係ないはずなのにワザワザ書いてあるということは、これを書くことで少庵に伝えようとしていることが上様の上洛に関係すること、すなわち茶会のことだと伝わるのだ。

そしてこの書き方だと他の者に読まれても何のことかわからない。「5．③安国寺恵瓊の書状」でも書いた通り、古来書状は誰に読まれるかわからないため、他人に知られると都合が悪い内容は直接書かずに他人に読まれても意味がわからないように書いた。

宗易はおそらく娘婿の少庵に秀吉たちを匿う理由を説明しており、「上様御上洛」を知らせることで、茶会の日時や場所など、緊急に連絡を取る必要があることも伝えたのではないだろうか。

秀吉、信長襲撃の詳細を官兵衛と打ち合わせる

秀吉は天正10年3月15日に備中に向けて姫路城を出発しており、その前に官兵衛と信長の襲撃方法を打ち合わせたはずだ。

秀吉「官兵衛、島井宗室殿が京に来ることになったぞ」
官兵衛「それはよろしゅうございました。いつ頃来られるのでございまするか？」
秀吉「5月の中旬らしい」
官兵衛「5月の中旬でございまするか？　して、恵瓊殿は何と？」
秀吉「うむ。恵瓊殿は毛利の中で輝元殿の叔父にあたる小早川隆景殿がこちらと手を組

むことに積極的だと言うて来た。彼と相談した結果、備中の高松城が城の周りに沼地が多く、水攻めに適していると申しておった」

官兵衛「備中の高松城でござりまするか。ではそれまでいくつかの小城を攻め落とし、一生懸命毛利攻めをしているように見せなければなりませぬな。そして4月末くらいから高松城の水攻めを開始し、膠着状態にする」

秀吉「そして毛利方が全軍で攻めて来ると言って信長様に援軍を要請する。信長様は全軍に出陣を命じ、光秀も一旦坂本城に帰って準備した後、こちらに向けて出発することになるであろう。そこに信長様の使者の振りをしたワシの使者が行き、『信長様が陣容を見たいと言っている』と伝える。後はかねて打ち合わせた通りじゃ」

官兵衛「高松城を水攻めしている最中にことを起こすのであれば、それまでに毛利との和睦の条件について合意しておく必要がござる」

秀吉「そうじゃのう。伯耆、美作、出雲、備中、備後の5か国でももらうことにするか」

官兵衛「もう一つ。高松城主の切腹も必要でござる」

秀吉「なぜじゃ。毛利とは手を組んでおるし、こちらには何の被害もないのじゃ。切腹など無用であろう」

官兵衛「古来和睦の条件としては攻められているほうの主は切腹でござる。また、和睦の条件である5か国の割譲は目に見えませぬ。信長様が襲撃され、秀吉様が光秀殿と戦う際に何もなしに和睦したと思われたら怪しまれ、戦いが不利になったり、下手をしたら秀吉様以外の皆が手を組むことになり兼ねず、高松城主の切腹は必須でござる」

秀吉「皆が手を組んだらこれまでの苦労が水泡に帰す。果たして毛利が飲むかどうかわからんが、とにかく要求してみよう」

官兵衛「後は島井宗室殿が上京してからでござりまするな」

秀吉「よし。それまでは毛利方の小城を一生懸命に攻めておる振りをするぞ。取りあえず出陣じゃ」

秀吉、恵瓊と中国攻めの段取りを打ち合わせる

秀吉は天正10年3月15日に備中に向けて姫路城を出発しており、その前後に恵瓊と打ち合わせた。

秀吉「恵瓊殿、ご無沙汰いたしてござる。隆景殿や輝元殿に変わりはござらぬか」

恵瓊「秀吉殿、輝元様も隆景様も変わりはござらぬ。お体もお心も」

秀吉「はっはっはっ。それを聞いて安心じゃ。こちらもその方向ですでに動き出した」

恵瓊　「左様でござりまするか。それは何よりでござりまする。して、毛利はどのように動けばよろしゅうござりまするか」

秀吉　「まずはいくつかの小城を攻めて落とす。その後高松城を水攻めにする。そして毛利方の援軍5万が間もなく高松城に来ると上様に伝え、上様自ら軍を率いて援軍に駆けつけるようお願いする」

恵瓊　「後ろに大友や島津がおり、こちらは5万も兵を割け申さぬ」

秀吉　「5万出せぬか……。まあ、兵の数はいくらでも構い申さぬ。何なら輝元殿や吉川殿も備中まで来る必要はない。某がそう言って援軍を要請するだけでござる」

恵瓊　「信長殿が備中に来たら戦うことになり申す。そうなれば毛利は貴殿とも戦わずにはおれますまい。どうするのでござるか」

秀吉　「心配はご無用。上様は備中には来れぬ。某の手で亡き者にいたす」

恵瓊　「そのようなことができるので？」

秀吉　「練りに練った手でござる。失敗は許されぬ故、そちらもぬかりなく」

恵瓊　「承知仕った」

秀吉　「ああ、それともう一つ。某と毛利殿が手を組んでも、5か国は割譲してもらいたい。それと高松城主の切腹は不可欠でござる」

恵瓊　「5か国割譲と高松城主の切腹と？　それは飲める話ではござらんな。手を組んで

秀吉 おるのになぜ毛利ばかりがそのような譲歩をせねばならぬのでござるか」

「信長様のご子息と重臣を欺くためでござる。某が何の条件もなしに毛利と和睦したと知られたら、彼らに疑われ、彼らが結束して某を討ちに来るやも知れぬ。

そうしたら某とて到底かなわず、負けまする。そうなったら織田家の中で最も力のある者が織田家をまとめ、再度毛利を攻めに来ることとなり申そう。そうならないために、某が疑われてはならぬのでござる」

恵瓊 「承知いたし申した。毛利家の方々にそう伝え申そう」

秀吉、家臣に援軍要請の書状を預け、信長の許に早馬を走らせる

天正10年（1582年）5月、秀吉は北九州の茶人、島井宗室が5月中旬に上京するとの連絡を千宗易から受けた。これによって本能寺の変の歯車が動き出した。

秀吉は5月15日、家臣に援軍要請の書状を持たせ、信長の許に走らせた。

秀吉 「良いか。北九州の島井宗室という商人が5月中旬に上京することになっておる。千宗易殿がその者が上京したかどうか知っているので、まずは宗易殿に会ってそれ

を確認し、上京していたら安土城に行き、この書状を上様に届けるのじゃ。もし、島井宗室殿が上京していなければ、上京するまで宗易殿の屋敷で待機いたせ。良いな」

使者「ハハッ。まずは千宗易殿の屋敷に向かいまする」

1582年5月17日に秀吉から信長の許に早馬が届き、毛利勢5万が援軍として到着するため、信長自ら出向き、これを討ち果たしてもらいたいとの書状が信長の許に届けられた。

信長は秀吉の使者から書状を受け取り、自ら出陣して毛利を討ち果たす決意をし、畿内に残っていた家臣全員に出陣を命じる。なお、出発は6月4日と伝えられた。

秀吉は兵とともに姫路に向かう。そして、主力部隊は姫路に残し、信長襲撃隊だけ連れて京に向かう。

京に入った秀吉は千宗易の息子である少庵の屋敷に行き、一旦匿ってもらう。

光秀、愛宕(あたご)神社に参詣(さんけい)

光秀は居城の坂本城に帰って出陣の準備をするとともに愛宕神社に参詣し、神社側に資金の融資を打診する。

この時開かれた連歌会で、光秀はかの有名な「時（土岐）は今、雨（天）が下知る五月かな」という詩を詠んだと伝えられているが、原本が消失し、写本9冊が残っている愛宕百韻には「雨が下なる」と書かれているものもあり、筆者は後者だと考える。その場合、「時は」＝「土岐は」＝「自身は」、「雨」＝「天下人」＝「信長」、「が下なる」＝「の家臣である」という意味と考える。

楢柴肩衝(ならしばかたつき)の所有者である島井宗室は宗易と昵懇(じっこん)で、その宗易は信長の茶堂をしており、信長に島井宗室が上京していること、6月初旬に帰郷することを伝えた。この時、信長が次の上京を待つつもりにならぬよう、「もう歳ゆえ、再度の上京は無理」と言っていたなども伝えたのではないだろうか。

これを聞いた信長は毛利征伐から帰ってきたら、もう島井宗室は北九州に帰ってしまっていると思い、毛利征伐に行く前に茶会を開こうと決めた。

なお、信長があまり早く茶会を開くと、光秀の出陣とタイミングが合わないため、光秀が出陣する直前の5月27日か28日にこの情報を知らせたと筆者は考える。このため、次項の宗易から少庵への書状が5月28日に送られたことに繋がる。

本能寺の変の3日前の5月28日、宗易は義理の息子の少庵に「播州（秀吉のこと）はいかが候や」という書状を送り、この直後、宗易は秀吉に茶会の場所と日時を伝えたと考えられる。

この頃の茶会は日中は暑いため、早朝に行われる。このため、何もしなければ信長はその日のうちに安土城に帰るかもしれないため、秀吉はアチコチの公家に茶会の後、本能寺に信長を訪ねるよう依頼する（秀吉はかつて信長の上洛後、光秀とともに公家の対応を任されたことがあり、公家の知り合いは多かった）。

6月1日の茶会の日、多くの公家が信長を訪ねているが、茶会の後信長に安土城に帰られたら襲撃できない（＝毛利と勝手に和睦しており、切腹は確実）のに、何もしない秀吉ではないことから、この日の公家の来訪は秀吉の策と考えた。

光秀、弓・鉄砲を入れた長持ち100個を備中に送る

光秀はその後亀山城に移り、出陣の準備を進め、5月29日には弓・鉄砲などを入れた長持ち百個を備中に向けて送っている。

本能寺の土壁の焼け跡から鉛が検出されており、光秀が鉄砲で本能寺に攻め込んだと力説する方(かた)が近年テレビで放送されたが、光秀は鉄砲を備中に向けて送っているのだ。このことは、本能寺を襲撃した賊が光秀一行ではないことを物語っている。

もし仮に本能寺に攻め込む分だけ鉄砲を残し、他を備中に送ったのだと考える方(かた)がいたら、その方に聞きたい。明智勢はその後の織田家との戦いはどうするのか。これは本能寺に攻め込むより大変である。兵の数では明らかに不利なのだ。1丁でも多くの鉄砲がほしいはずであり、備中に送ったりしないはずだ。従って、5月29日に備中に向けて鉄砲や長槍を送った光秀に謀反を起こすつもりは全くなかった、と断言できる。

一方、5月29日に信長は激しい雨が降る中、名物茶器38点とともに20~30人の供回りと小姓だけを連れて安土城を出て本能寺に入る。

翌日の6月1日の朝、本能寺にて茶会が開かれ、信長は島井宗室に楢柴肩衝を譲るように迫り、宗室は渋々了承する。

その後、信長は多くの公家の来訪を受け、楢柴肩衝を手に入れる目途がついたことで上機嫌になり、数十人の公家の挨拶を受け、そのまま本能寺に宿泊する。

秀吉、光秀に使者を送り、信長が陣容を見たいと言っていると伝える

6月1日の夕刻、森蘭丸の使者と名乗る者が光秀の許に来て伝えた。

使者　「光秀殿、上様が備中に向かう前に『陣容を見たい』と申されておる」

光秀　「承知仕った。このまま西に進む予定でござったが、京を経由することといたそう。して、どこで?」

使者「いや、場所は申されておらぬ。どこか開けた場所で待機し、本能寺におられる上様をその場所まで案内してもらいたい」

光秀「承知仕った。では数名を案内に向かわせ申そう」

使者「いや、上様の今回の上洛は茶会のため故、多くの家臣を連れて来ておらぬ。故に案内は警護を兼ね2千名ほどつけてもらいたい」

光秀「承知仕った。では2千名ほど向かわせ申そう」

使者「上様は陣容をご覧になったら、安土城に帰って出発の準備をいたさねばならぬ故、なるべく早い時間が良うござる」

光秀「承知仕った。夜が明ける前に本能寺に着くようにいたし申す」

この森蘭丸の使者と名乗る者が実は秀吉からの使者と考えられることは「6. ②亀山城にいる光秀の許に来た森蘭丸の使者の正体」ですでに述べた。

光秀は直接備中に向かって出陣するつもりだったが、京を経由することにし、亀山城を出発する。

その夜、嫡男の信忠が本能寺に信長を訪ねて来て、一緒に碁を見た後、信忠は妙覚寺に帰り、信長は寝る。

光秀の隊は3里ほど進んだ桂川で食事をした。その後、息子の秀満と重臣の斎藤利三に2千名の兵をつけ、自身は鳥羽で待つため、信長様をそこまで警護しながら案内するように指示して本能寺に向かわせ、自身は他の兵とともに鳥羽に向かい、そこで待機する。

本能寺の変（秀吉による襲撃）、勃発

1582年6月2日未明、秀吉率いる賊が本能寺を襲撃する。この時、信長の「こは謀反か。如何なる者の企てぞ」という質問に対して森蘭丸は「明智が者と見え申し候」と答えている。謀反を起こす者は普通謀反が失敗した場合に備えて自分たちの正体を隠す。それなのになぜ森蘭丸はすぐに賊が明智と知ったのだろうか。

これは賊が明智ではない証拠ともいえる。つまり、賊が明智ではないため、信長に賊が明智と思わせるように旗などを振ったり、本能寺の中の者にも聞こえるように「明智」と大声で言ったのではないだろうか。

信長は最初弓で応戦し、すべての弓の弦が切れると槍で戦ったが、手傷を負い、内に入った。そして、信長は女房衆に逃げるように促し、奥に入って中から畳を立て掛けた。

信長はここで切腹したと伝えられているが、介錯人なしで切腹してもそうそう死ねるものではない。後で駆けつけた光秀たちが死体を見つけられないことから、信長は秀吉の手の者に連れて行かれたと考えるべきであろう（生きたままか殺してかはわからない）。

信長が弓の弦が切れた後、長槍で応戦し、手傷を負って奥の間に入った後、切腹をしようとした瞬間に声がした。

官兵衛「信長様、早まってはなりませぬ」
信長「何者じゃ」
官兵衛「某にござりまする。官兵衛でござりまする」
信長「何と、なぜそなたがここに」
官兵衛「詳しいことを話しておる時間がござりませぬ。賊が押し込んで来ぬうちにこちらへ」

官兵衛は信長に女物の着物を被（かぶ）せると戸を開けて信長の手を引きながら出て行った。

信長は女にしては体が大きく、女物の着物の下から血が見えていたが、誰も止める者もなく、そのまま本能寺を出て行くことができた。それもそのはず、兵は皆秀吉の配下の者。秀吉から官兵衛が信長を連れ出すから、構わないようにと命じられていたのだ。

信長「何と、誰にも止められず、怪しがられもせずに寺から出ることができたぞ」

官兵衛「皆、自分の命が惜しい故、歯向かって来る者に集中しており申す。逃げて行く者は取りあえずは危害を加えることがない故、後回しでござる」

信長「それで、これからどこに参る」

官兵衛「信長様は安土城に帰らねばなり申さぬが、そこかしこに光秀殿の手の者が見張ってござる。故に安土城に真っ直ぐ帰るわけには参り申さぬ。しばし、某にお付き合いいただきとう存じまする」

そうこうするうちに二人は籠を置いてある場所に出た。

官兵衛「信長様。信長様のお顔は世間に知れており申す。このまま移動しまするとと百姓・町人の目に付き、光秀殿に知られ申す。故にここからはこの籠で移動いたしまする」。

そう言うと官兵衛は籠の引き戸を開けた。

信長が籠に乗り込むと、官兵衛は引き戸を閉め、馬に跨り、担ぎ手に合図をした。担ぎ手は籠を担ぎ上げると、黙って歩き出した。

やがて、一行は木々の間にわずかに庭のある神社に着いた。

官兵衛は籠の横に将几を置きながら言った。「信長様、到着いたし申した。こちらでしばしお待ち下さりませ。某は信忠様の様子を見て参り申す」

信長は籠から出て、その将几に座った。

官兵衛は馬に跨り、一礼すると去って行った。

信長の嫡男、信忠も同様にして官兵衛にて二条新御所から連れ出され、信長と同じ場所に連れて行かれた。

信長　「これは信忠ではないか。そなたも光秀に襲撃されたか」

秀吉「お二方とも揃われたようでござるな。官兵衛、ご苦労であった」。秀吉は奥から出ながら言った。

信長「秀吉？　そなた、備中で毛利と対峙しているのではないのか。なぜここにいる」

秀吉「はっはっはっ。信長様、信長様は日本を支配したら異国に討って出ると申された。そうなれば某たちは一生戦い続けなければなり申さぬ。日本にも帰って来れぬ。そのどちらもいやなのでござる。故に信長様に仕えることを止めたのでござる」

信長「予に仕えることを止めたじゃと？　織田家から出て行くと申すか？」

秀吉「然にあらず。織田家から出て行くのは信長様と信忠様でござる。生きておられては迷惑故、いなくなっていただき申す」

信長「そんなことをしてただで済むと思うのか。予には弟や男の子供も重臣も多数おる。織田家全体と戦って勝てると思うてか」

秀吉「ハッハッハッ、心配ご無用。信長様や信忠様を襲撃したのは光秀。某に火の粉は降りかかり申さぬ。お二方は安心してあの世に旅立ってくだされませ」

信長「秀吉、そなた……。草履取りであったそなたを重臣にまで上げてやったというのにかようなことをするとは……」

秀吉「ふんっ。某は2度も蟄居を命じられており申す。そのいずれも信長様の命に従わなかったことによるのでござるが、戦場(いくさば)では状況に応じて作戦を変えねばならぬものであることは百も承知のはず。
いずれも某の判断が正しかったのに、それでもあなた様は某に蟄居を命じた。今は重臣でも佐久間信盛殿のように用がなくなれば追放するつもりでござろう。
あるいは異国で死ぬまで戦い続けることになるか、いずれもご免でござる。小六、やれ」。秀吉は蜂須賀小六に信長・信忠の斬首を命じた。

信長 「か、官兵衛、そなた、予を助けるために本能寺から連れ出したのではないのか?」

官兵衛 「某はかつて荒木村重に捕らわれて監禁され、救出された時に嫡男松寿丸を殺したと言われた時は心底あなた様を恨み申した。あなた様の家臣の黒田官兵衛はあの時に一旦死に申した。その反対に機転を利かせて松寿丸の命を助けてくださった中村半兵衛様と秀吉様にはどれほど感謝したかわかり申さぬ。半兵衛様は既に亡くなっており恩返しは叶い申さぬが、秀吉様は生きており申す。某はそれ以降秀吉様のために生きようと心に誓ったのでござる」

信長 「ならば何故本能寺で予の切腹を止めた? あのまま腹を切らせれば良かったではないか」

官兵衛 「それがそうは参らぬ。光秀殿の家臣が本能寺に着いたら信長様の家臣と戦ってもらわねばなり申さぬ。そのためには何人かの兵には生きておってもらわねばなり申さぬ。信長様の家臣が何人も生き残っている中では建物の外からならともかく、奥から信長様の遺体を運び出すのは困難でござる、生きたまま寺から出てもらい、ここで死んでいただくのが最良でござる。」

信長　「……」

官兵衛　「どうやら全ての疑問は解けたようでござりまするな。蜂須賀殿、お願いいたす」

蜂須賀小六は配下の者に信長・信忠を引っ立てるように指示し、藪の中に消えた。そして、信長・信忠の首を跳ね、その首を秀吉の前に投げた。

秀吉　「その首は先ほど掘った穴に埋めよ。犬が掘り返さぬように穴は深く掘っておるな?」

蜂須賀小六の配下の者がすでに掘ってあった穴に信長・信忠の遺体と首を投げ込み、土をかぶせた。

秀吉　「今頃は二条新御所も焼け落ちておるじゃろう。では手はず通り、姫路に参るぞ」

一同は「ハハッ」と言ってお辞儀をすると、立ち上がった。秀吉、官兵衛と馬に跨り、その馬のハミを供回りが持って歩き出し、一同が後に続いた。

本能寺の変(光秀の家臣、本能寺に到着)、勃発

話は少し戻り、信長が神社に到着した頃、光秀の家臣、明智秀満や斎藤利三と本城惣右衛門が本能寺に着き、信長の家臣一人を斬る。

この時の詳細は「5．②明智家家臣と『信長公記』であまりに異なる本能寺襲撃時の様子」の中の『本城惣右衛門覚書』による。

その後本能寺が炎上し、その煙を鳥羽で見た光秀は何ごとかと慌てて本能寺に向かう。

そして、光秀が本能寺に到着すると、自身の家臣が信長の家臣を取り押さえており、一人は斬っている。

光秀は家臣が本能寺を襲撃したと思い、信長の遺体を探すが、見つからない。

そうこうしているうちに光秀の親しい友人である吉田兼見卿が光秀に会いに来る。

本能寺の変の直後に光秀に会った兼見卿

吉田兼見卿が本能寺の変の直後に光秀に会い、光秀が信長を襲撃したと書状に書いたり、光秀本人が「自分がやった」と認めるような書状をアチコチに送ったりしているが、彼らがそう思い込んだ原因に次のようなやり取りがあったと考える。

兼見「それにしても光秀殿、こたびは大それたことをなされましたな」
光秀「いや、某は何もしておらぬし、家臣に命じてもおらぬのでござる」
兼見「『何もしておらぬ』と申しても、現にそなたの家臣が本能寺を襲撃しておるではないか」
光秀「いや、それが信長様の家臣を斬ったと申す者は一人しかおらず、また、信長様の遺体が見つからないのでござる。某にも何がどうなっているのか皆目見当がつき申さぬ」
兼見「『信長様の家臣を斬ったと申す者が一人しかおらぬ』と申しても、そなたの家臣以外にこの京に信長殿を襲撃できる軍勢がどこにおるのじゃ。敵であろうと味方であろうとそなたの家臣以外にはおらぬではないか。そなたから命じられていないことをしたために、言い難いのでござろう」
光秀「……」

本能寺の変の当日に兼見卿が光秀に会い、その後『兼見卿記』に「光秀は恩ある信長を殺害し恩知らず」と書いているのだ。この会見での会話が基でこの記載になったはずであり、多少の相違はあっても、このような趣旨の会話があったことは容易に推測できる。そして、何より重要なことは、兼見卿のみならず、光秀までもが本能寺で信長を襲撃した賊は光秀の家臣だと思い込んでしまったことだ。これほど大きな勘違いがこのような簡単なやり取りで起こり得るのだ。

実際にはもう少し尾ひれが付いたはずであり、このようなやり取りもあった可能性がある。

兼見「信長殿は長宗我部元親殿に「四国は切り取り放題」との朱印を出しておったのに、三好が降伏すると、一方的に元親の所領を「土佐と南阿波の半国」に変え、それを元親殿が飲めず、両者は揉めておった。斎藤利三殿は義理の娘が長宗我部元親殿に嫁いでおり、心を痛めておったのであろう」

光秀「いや、その件も元親殿が折れ、数日前に信長様の指示に従うと申して来ていたのでござる」

兼見「それはおかしかろう。信長殿は三男の信孝殿と丹羽長秀らに四国征伐を命じ、彼らは今日にも大坂から出港する予定だったはずでござる」

光秀「信孝殿がその予定だったことは間違いござらぬが、長宗我部が折れたことも間違ってはおらぬ。おそらく、信孝殿が四国に上陸した段階で長宗我部に戦う意思がないことを知り、戦わないまま帰京することになったはずでござる。よって、利三にも信長様に牙を剥く必要はなかったはずでござる」

兼見「ふんっ。それは甘いのではござらぬか。貴殿も信長殿の性格は痛いほど知っておろう。一度自分に牙を剥いた者には生涯心を許さぬ。一度は家臣にしたり和睦を結んでも、不要になった時点で切り捨てる。そういう性格をな」

光秀「それはそうでござるが、そのために自身で危険を冒さずとも……」

兼見「それに信長殿は家臣を道具としてしか見ておらぬ。家臣すらも役に立つ間はさんざんこき使うて、役に立たなくなったらそれで終わり。佐久間信盛殿や林通勝殿[※1]が良い例でござる。あの折は貴殿も『明日は我が身』と言うておったではござらぬか。それを利三殿は熟知しており、討てる時に討ったのでござろう」

光秀「あの時はそう申したが、それは、某はそうならぬように勤めに励まねばならぬ、という意味で……」

兼見「されど、利三殿を責めるのはお門違いでござる。これで貴殿が同じ目に遭う危険がなくなったばかりか、天下人になる道が開けたのでござる。褒めてやりなされ」

光秀　「天下人、でござるか」

兼見　「左様。主だった重臣は東国・北陸・中国・四国と、それぞれ敵と対峙しておって
　　　すぐには動けぬ。身の潔白を主張する時間があったら、今のうちに織田家の中で取
　　　り込める力を取り込み、他の重臣が帰京して信長様の仇討ちと称して戦いを仕かけ
　　　て来た時に備えるべきでござろう」

光秀　「織田家の力でござるか」

兼見　「まずは貴殿の寄騎に出兵させ、味方として態勢を整えなければなり申さぬ。その
　　　一方で帝を味方につけることも肝要でござろう」

光秀　「某の寄騎にはすぐにも書状を送り申す。さすれば数人は味方をしてくれ申そう。
　　　それに帝の勅命がいただければ織田家の重臣の中には味方についてくれる者もおり
　　　申そう。帝へのお目通りを取り継いでくださらぬか」

兼見　「左様でござるな。帝へのお目通りに手ぶらで参上するのも様（さま）にならぬ。おおそうじゃ。
　　　安土城に行けば金銀が山のようにあるのではござらぬか。そのいくらかでも帝に寄
　　　進すれば帝もお喜びになり、すぐにも勅命をいただけることでござろう」

光秀　「承知仕った。早速安土城に行き、金子を手に入れ申す。その後、宮中に参内する
　　　前にもう一度貴殿の屋敷を訪ねまする故、例の風呂[※2]を使わせていただけまするか」

兼見　「お待ちしており申す」

※1 佐久間信盛は信長の父信秀の代から織田家に仕えて織田家の主だった戦に参戦し、かつては織田家の重臣をまとめる筆頭重臣ともいうべき存在だった。それが大坂の天王寺城に入り石山本願寺と対峙したが、5年間戦も調略もせず、また、家臣も補充せずに減るに任せ、無為に過ごしたとして、本能寺の変の2年前に息子と2～3人の従者だけで織田家から追放され、高野山に落ちた。

林通勝はかつて柴田勝家とともに信長の弟の信行を担いで謀反を起こした。その後信長に敗れると信長に仕え、それから20年以上こき使われていながら、役に立たなくなったらその時の謀反を理由に織田家から追放されたのである。

※2 吉田兼見邸には石風呂（サウナ風呂）があって光秀はこれが気に入っており、しばしばこれを使うために兼見邸を訪れていた。

秀吉、光秀の寄騎に信長は無事との書状を送る

秀吉は光秀の寄騎である中川清秀から身の振り方を相談する書状を送られ、6月5日「上様（信長）並びに殿様（信忠）は膳所（ぜぜ）が埼（さき）に落ち延び、無事だ」との書状を送っている。

この書状は光秀の寄騎が光秀に加勢することを防ぐとともに、信長の息子たちが秀吉より先に光秀と弔い合戦をしないようにするためと考えられ、光秀の他の寄騎や信長の息子たちにも送られていたと考えられる。

しかし、秀吉はこの時備中にはいなかったため、中川清秀の書状がどうやって秀吉に渡ったのか疑問になるところだが、これについては「4．⑥梅林寺文書」で述べた。

6月5日、光秀は安土城に入城。

6月9日、光秀は安土城にあった銀で、禁裏と誠仁親王に銀500枚、兼見卿にも銀50枚を寄進。

6月12日、秀吉は中川清秀、池田恒興、高山右近たちと合流し、富田に向かう。

秀吉の陣にはさらに神戸信孝、丹羽長秀らが加わった。

光秀は自身の寄騎である細川藤孝に「自身が信長を殺害したのは貴殿や貴殿の息子のためでもある」という趣旨の書状を送っている。細川藤孝の嫡男の忠興は光秀の娘の玉の夫であり、光秀は忠興の義理の父に当たる。にも拘わらず細川親子は動かなかった。信長が生きているという秀吉からの書状が功を奏したのだろう。

なお、同様の書状は他の寄騎にも送られたと考えるべきであろう。

山崎の戦い

6月13日、明智勢1万5千と秀吉勢3万が山崎にて激突したと伝えられる。しかし、この戦い、どうにも腑に落ちない。

その一つ目は光秀がわずか1万5千の兵で3万の秀吉と戦ったことだ。光秀はかつて石山本願寺やその他の城を攻める他の重臣に助力してこれを成功させつつ、自身も丹波を攻略したほど智謀に長けた武将であり、信長からも高い評価を得ていた。かつ、秀吉も自身に勝るとも劣らぬ智謀の持ち主であることを熟知していた。

つまり、自身の兵力が半分であれば自身に勝ち目がないことは分かり切っていたはずなのだ。一般的には、城に入って守れば攻撃する側は守る側の4倍の兵力が必要といわれている。

そのまま戦わずに一旦居城に帰って守れば兵力が半分の光秀のほうが有利なのだ。

それなのに光秀はそのまま戦い、アッサリと敗れたのだ。一体光秀は何を考えていたのか。そこには兵力の差だけではない何かがあったはずだ。

その二つ目は山崎の戦いの前日の12日に光秀が京周辺の寺社の構えを修築していることである。

もし、光秀が秀吉と戦うつもりであったら、秀吉のほうが圧倒的に兵の数が多いのだから、このようにノンビリとはしておられず、居城に帰って守りを固め、戦いに備えるはずだ。それなのにそのまま秀吉と戦っている。

これらのことから、光秀は秀吉と戦うつもりはなかったと考えられる。戦うどころか、光秀は秀吉が味方になってくれると思っていたのではないだろうか。そうでなければ1万5千の兵で戦上手の秀吉の兵3万を迎え撃ったり、その前日まで寺社の修復に明け暮れるなど考えられない。

かつて木下を名乗っていた秀吉は織田家の重臣である丹羽長秀の「羽」と柴田勝家の「柴」を取って「羽柴」と名乗ることにし、丹羽長秀と柴田勝家の機嫌を取ったことがある。

このことから、人たらしの秀吉が以前から光秀に対しても何らかのおだてで光秀に取り入り、味方だと思わせる内容の書状を送っていたのではないだろうか。

秀吉は信長が日本の支配を終えたら海外に打って出るつもりだったことを知った時に、そうなれば一生戦い続けなければならないと知り、嘆いたと伝えられる。光秀に、「一生戦い続けるなど御免でござる。もし、誰かが何かをして、そうしなくても良いようにしてくれたら、その者のために何でもする」などと言って、もし、光秀が信長を討ったら、自分は光秀の言うことを何でも聞くと思わせたのではないだろうか。

そして、本能寺の変の後、畿内か姫路にいた秀吉は光秀に使者を送り、「謀反の成功、おめでとうござる。某も急ぎ帰京し、微力ながらお力添えをいたす所存でござる」などと伝え、味方の振りをしたのではないだろうか。そして、秀吉は山崎で光秀の陣に入ってから急に明智勢に襲いかかり、容易に全滅させたと考えられる。

秀吉の一行には丹羽長秀や神戸信孝らがいることから、秀吉は山崎に着く前にそれらの者を集め、「実は皆に言うておかねばならぬことがある。ワシは家臣の死は一人でも減らしたい。故に光秀には某は光秀の味方じゃと伝えておる。そして、味方の振りをして奴の陣に入り、入ってから牙を剝いて奴らを襲う。そう心得ておいてもらいたい」と言い、自分の言動に戸惑わぬようにしたはずだ。

光秀は備中から帰って来た（とされる）秀吉の隊を山崎のふもとまで下りて出迎えた。秀吉は光秀を見つけると馬から降り、手綱を放して言った。

秀吉「光秀殿。今到着いたした。こたびは謀反の成功、おめでとうござる」
光秀「おお、秀吉殿。遠路ご苦労でござった。それにしてもこんなに早く帰って来られるとは」

秀吉は光秀の背に手を回して反転させ、頂上に向かって歩きながら言った。

秀吉「いやあ、途中雨に降られて一時はどうなることかと思い申したが、何とか無事に川も渡れ、帰って来れ申した」
光秀「とにかく無事で何よりでござる。味方をしてくれる者が少なく心細かったが、貴殿が力を貸してくれるなら、これほど心強いことはない」
秀吉「もうよかろう。それっ、皆かかれ」

秀吉軍は秀吉の号令で一斉に刀を抜き、明智軍に斬りかかった。明智軍は不意を突かれてなす術もなく、逃げ惑うばかりであった。

光秀「ひ、秀吉殿。これはどういうことでござるか？」

秀吉「どういうこともこういうこともない。主君の仇。死ね」

光秀「一生戦い続けなくて良いようにしてくれたら、何でもすると申したではないか。某に力を貸す、味方をすると書状を送って来たではないか。おのれ、騙したな」

秀吉「ハッハッハッ。確かにそう申したが、そうする気などはなからないわ。今は戦国の世。騙されるほうが悪いのじゃ」

光秀は側近の者たち数名に守られながらその場から逃げた。

光秀は命からがら山崎から脱出し、専修院、神明神社、妙心寺と場所を変えた後、和泉に向かい、貝塚の鳥羽にあった本徳寺に潜伏したという説がある。なお、本徳寺には「鳥羽へやるまい女の命、妻の髪売る十兵衛（光秀のこと）が住みやる、三日天下の侘び住居（わずまい）」という俗謡が残っている。

また、比叡山延暦寺には慶長20年（1615年）に光秀が寄進したと伝えられる灯籠があり、今でも「光」の字が確認できる。これは憎き豊臣家を滅ぼした大坂夏の陣のあった年で、長年の恨みを晴らしたことを祝して寄進したのか、家康の死を悼（いた）んで寄進したのか、今となっては知る由もない。

秀吉、里村紹巴を詰問

官兵衛は秀吉の部屋の襖を少し開けて言った。

官兵衛「秀吉様。ちとよろしゅうございますするか」

秀吉「おう官兵衛。どうした」

官兵衛「これをご覧くださりませ」。そう言いながら官兵衛は秀吉に1枚の紙を差し出した。

秀吉「何じゃこれは?」

官兵衛「実は本能寺の変の数日前に光秀殿は愛宕神社に参詣しておりまして、そこで連歌会に出席したのでござる。その時に詠んだ歌がこれでござる」

秀吉「ふむ。『時は今、天が下なる五月かな』。『天』とは信長様のことで、『時』は『土岐』にかけ、自身の立場を詠んだのであろう。それぐらいワシでもわかる。自分は今信長様の下で栄華を誇っていると詠んだのじゃ。これがどうかしたのか?」

官兵衛「この『下なる』を『下知る』に変えたらどうなりますかな?」

秀吉「何? 『下なる』を『下知る』に変える? おお、天下を治めることになる」

官兵衛「この歌の下の句を連歌師の里村紹巴が詠んでおりましてな。本能寺で信長様を襲撃した賊が光秀殿だったと世間に念押しするために、この『下なる』を『下知る』に変えて紹巴を追及するのでござる。さすれば世間は秀吉様はそこまで主君思いだったか、と、秀吉様の人気がまた上がるとともに、賊が秀吉様ではないかと疑念を抱く者がいても、『そこまで主君思いの人が謀反など起こすはずがない』と、疑念を捨てることでござりましょう」

秀吉「面白い。そなた、なかなか面白いことを考えるな。じゃが、あ奴はすべての歌を書き写して持っておる。光秀が『下知る』と詠んだとは認めんじゃろう」

官兵衛「それで良いのでござる。元々紹巴殿に危害を加えるつもりはなく、秀吉様がそう言って追及したと世間に広まれば良いのでござる。あ奴がうまく言い逃れできずとも、最後は許してくださりませ」

秀吉「なるほど。早速あ奴を呼びつけるとしよう。これは預かっておく」

秀吉は山崎の戦いの戦後処理を終えると連歌師の里村紹巴を呼びつけ、本能寺の変の直前に愛宕神社で行った連歌会で光秀が詠んだとされる発歌「時は今天が下知る五月かな」と書いた懐紙を突き付け、光秀が謀反を起こすことを知っていたのではないかと追及した。紹巴は懐紙の「下知る」の所が修正されていると指摘し、元の歌は「天が下なる」だったと説明し、難を逃れた。

誠仁親王、薨去（こうきょ）

秀吉は天正13年（1585年）7月11日に関白に就任した。

しかし、正親町天皇は逼迫（ひっぱく）していた朝廷の財政を回復させたり、天皇の権威を用い、信長の敵対勢力にたび重なる講和の勅命を実現させている。そのような、いわば実力者がどこの馬の骨とも知れない秀吉を関白にすることに容易に同意するとは思えない。

本能寺の変以降、誠仁親王は何度も秀吉から恫喝（どうかつ）されたと伝えられている。これは本能寺に続いて信長の嫡男信忠が宿泊していた妙覚寺が襲撃された時、信忠は妙覚寺の隣の二条新御所に移って戦おうとした。その際、二条新御所に住んでいた誠仁親王は賊に自分も腹を切るべきか聞き、その必要がないとわかると歩いて御所を出て行った。

もし、賊が光秀の手の者であれば、光秀と懇意にしている誠仁親王は自身も腹を切るべきか賊に聞いたりはしないだろう。そしてさらに、この時、誠仁親王は賊を見ていたのではないだろうか。

一方、黒田官兵衛は天正14年（1586年）、従五位下・勘解由次官に叙任された。これが何月何日かはわからないが、誠仁親王の死と同じ年であることから、誠仁親王の死と黒田官兵衛が叙任されたことと関係があるのではないだろうか。

『多聞院日記』に「24日に誠仁親王が疱瘡かはしかにかかって崩御されたが、35才である。疱瘡やはしかにかかる歳ではない。腹を切らされて自殺だそうだ」とあるとのこと。親王が「自殺」と書くことがはばかられ、公式には「はしかか疱瘡」と記録されているのだろうが、「はしか」と「疱瘡」は異なる病気で症状も異なるのにどちらか明記されていないことから、逆にどちらでもないということを暗示しているともいえる。

そして、誠仁親王は天正14年（1586年）7月24日に35才で薨去された。

誠仁「秀吉。二条新御所を襲撃した賊はやはり明智ではござらぬぞ」

秀吉「また、その話でござりますするか。では賊は明智でなくて誰じゃと仰るのでござりますするか？　先日もこれを聞いた途端に黙り込んでしまわれたではござりませぬか」

誠仁「いいや、朕は見たのでおじゃる。あの時、朕も腹を切るべきか聞いた相手が後方に行き、聞いている相手の男をな。そして、その男が先日の叙任式に出ておったのでおじゃる。あの、黒田孝高でおじゃる。これでハッキリした。二条新御所を襲撃したのはそなたの手の者でおじゃろう。そして、本能寺で信長を殺（あや）めたのもそなたの手下でおじゃろう」

秀吉　「また何を言い出すかと思えば、信長様や信忠様を殺めたのが某の家臣でござりますと？　気は確かでござりましょうな？　某も某の家臣も備中で毛利と対峙しておったのでござる。その某の家臣がどうやって京で本能寺を襲撃できたのでござりまするか？　それに、現に光秀は自身がやったという書状をアチコチに送っており申す。最早議論の余地はござらぬ」

誠仁　「いいや。本能寺の変の数日後、朕は光秀に会うておる。そしてなぜ襲撃したのかとか、どのように襲撃したのかを聞いたのじゃ。すると奴は、自身は2里も離れた鳥羽におったと言う。主君を襲撃するとなるとどのような突発的な事態が生じるやも知れず、それを家臣に任せて自身は離れた場所におるなどできはせぬ。また、どのように襲撃したのかも、あ奴はもとより本能寺に向かった家臣の斎藤何とかという者も一向に要領を得ぬ。あ奴ではない。

　そして、では誰が本能寺や二条新御所を襲撃したのかについてはこれまで全く手がかりがなかったのでおじゃるが、先日の叙任式でわかったのでおじゃる。間違いなくあの黒田孝高（よしたか）じゃ。あの時朕が後方に目をやった時、後方の男もこちらをチラと見て、一瞬目が合うたのでおじゃる。そして叙任式であ奴をずっと見ていたが、あ奴は一向に目を合わせようとしないのでおじゃる」

秀吉「親王様を直接見ては畏れ多いと思ったのでござりましょう」

誠仁「いいや。二条新御所で見たのは確かにあの男でおじゃる」

秀吉「他人の空似ということもござりまする」

誠仁「いいや。朕にはわかる。あの時見たのは黒田孝高で間違いないでおじゃる」

秀吉は急に声を荒げ、「いい加減になされませ。黒田孝高は某とともに備中高松城にいたのでござる。それでもその男が黒田孝高だと言うなら、その証拠をお見せくださりませ」

誠仁「証拠などあるわけがない」

秀吉「証拠がなければ他人の空似。あ奴は某とともに備中におったのでござる。間違いござらぬ」

誠仁「かく言うそなたも備中ではなく、賊の中におったのではおじゃらぬか?」

秀吉「二条新御所を襲撃した賊の中に某が? 何をまた突拍子もないことを」

誠仁「あの時、朕がどうするべきか聞きに行った後方にいたあの黒田という男の横に、頭巾をかぶった小柄な男がおった。その男こそそなたではないのでおじゃるか?」

秀吉「……」

誠仁「その男は右手を懐に入れておった。その時は何とも思わなかったのでおじゃるが、あれは右手の6本指※を隠していたのではおじゃらぬか？」

秀吉　「その男が右手を懐に入れていたとしても、その男の右手に指が6本あったとどうして言えるのでござりまするか？　その男のただの癖かも知れませぬぞ。親王様に何と言われようと二条を襲撃した賊と孝高も他人の空似で、某と孝高は備中におったのでござる。想像で物を言うのはいい加減にしてくださりませ」

誠仁　「それだけではない。輝元が挨拶に来た時に、朕は輝元にそなたとの和睦が早すぎるのではないかと探りを入れてみたのでおじゃる。すると輝元はそなたとは初めから戦うどころか手を組んでおり、戦う振りをしていたと言うではないか。故に兵も本能寺の変の10日も前に備中を発っておったはず、とも申しておった。朕もおかしいと感じておったのじゃ。8日間で備中から畿内まで帰って来ることもさることながら、その翌日に戦をするなど、到底普通の者にはできぬ。本能寺と二条御所を襲撃したのは光秀ではなくてそなたで、そなたはその罪を光秀に着せて主君の仇討ちと称して討ったのでおじゃろう。朕はこのことを皆に伝え、どう思うか確かめる」

秀吉　「それはお命を懸けて申しているのでござりましょうな？　世にはまだ信長様のご兄弟やご子息、それに重臣や光秀の寄騎だった者たちが健在でござる。その中で左様なことを申されては彼らが結束して某を討ちに来かねず、聞き捨てなり申さぬ」

誠仁　「謀反が起きようと、それはそちが撒いた種でおじゃる。朕は朕が見聞きしたことを伝えるまででおじゃる」

秀吉はさらに声を荒げて言った。「じゃからそれはお命を懸けて申しているのでござりましょうな？」

誠仁「どういう意味でおじゃるか？　朕は帝の子でおじゃる。しかも、帝である父上はすでに政を行っておらず、朕が行っている。その朕に手をかけるわけには行くまい」

秀吉「いかに帝の子でござろうと、左様なことをアチコチでペラペラ喋られては都合が悪い。どうしてもそうすると申されるなら、宮中の者を皆磔にいたす」

誠仁「何と申す？　磔じゃと？　左様なことをして、世間が黙っていると思うのでおじゃるか？」

秀吉「ハッハッハ。最早この国に某に歯向かえる者はおり申さぬ。磔がいやなら、釜茹ででも、首引きでも構い申さぬ」

誠仁「何でおじゃると？　磔がいやなら釜茹でか首引きじゃと。宮中の者を皆そうすると申すか？　まさか嫡男の和仁や智仁まで左様な目に遭わせるというのではあるまいな？」

秀吉「何なら手始めに和仁様か智仁様をそうしても構い申さぬが」

※　秀吉は右手の指が1本多く、6本あり、信長から「6つ」と呼ばれることもあった。

誠仁　「待て。和仁や智仁を左様な目に遭わせるわけには行かん。そこまで言うなら、人に言うことはやめよう」
秀吉　「最早それだけでは足りませぬな」
誠仁　「どういうことでおじゃるか？」
秀吉　「『人に言わん』と口では言うても、どうやってそれを保証するのでござるか。いつか誰かに言うに決まっておる。それも遠くない将来」
誠仁　「ではどうしろと言うのでおじゃるか？」
秀吉　「腹を切ってもらおう」
誠仁　「……」
秀吉　「古来『死人に口なし』と申す。さもなくば和仁様や智仁様に辛い思いをしていただくことになり申す」
誠仁　「朕は喋らぬと申しているのでおじゃるから、何も今腹を切らずとも良いではおじゃらぬか？　朕が誰かに喋ったら腹を切る。それで良いではおじゃらぬか？」
秀吉　「そうは参らぬ。誰かに喋ると同時に、あるいはその前からどこかに隠れられたらどうにもできぬ。今、死んでもらう」
誠仁　「どうあってもでおじゃるか？」
秀吉　「どうあってもでござる」

かくして誠仁親王は自害した（させられた）。
これを聞いた正親町天皇は自分も死のうとしたが、秀吉から「今死なれては困る。左様な当てつけをするなら、宮中の者を皆磔にする」と脅され、死ぬこともできなかった。

家康、豊臣家に臣従

天正14年（1586年）に入ると秀吉は家康の懐柔を試みるようになり、4月には実妹の朝日姫を家康の室に差し出し、さらにその10月には実母である大政所が朝日姫の見舞いとして岡崎に送られた。

仲　「家康様、お初にお目にかかります。秀吉の母の仲にござります」
家康　「おお、大政所殿、遠路ご苦労でござった。さぞやお疲れでござろう。早々に部屋に下がってゆるりとなさるが良い」
仲　「いえ、今日は家康様にぜひとも聞いていただきたいことがございます」
家康　「聞いてほしいこと？　一体何ごとでござろうか？」
仲　「はい。徳川家を家臣にしたい秀吉に対して家康様はなかなか臣従しようとなさりませぬが、その一方で秀吉と家康様は正面切って戦うことを避けております。なぜでございましょう」

家康　「秀吉殿は戦上手故、正面切って戦えば勝つとは限らぬ。もし、勝てても双方に多大な犠牲が出ることは必定。戦わずに済むなら戦わぬが賢明、と睨み合っていたら、双方が疲れて兵を引いただけでござる」

仲　「それだけではないのではござりませぬか?」

家康　「それだけではない? 他に何が?」

仲　「金ケ崎で織田勢が朝倉と浅井に挟み撃ちになりそうになった時に秀吉は信長様から殿(しんがり)を命じられたそうな。その時、家康様が一緒になって殿を務めて下さったとか。秀吉はその律儀な家康様と本気で戦う気になれないのでございます。家康様も同じなのではございませぬか? 故に小牧長久手では長い間睨み合った末に和睦したのではございませぬか?」

家康　「確かに秀吉殿とは同じ敵と一緒に戦った仲。できれば戦いとうはない」

仲　「それだけではございませぬ。秀吉は百姓の出。百姓の苦しみを知っております。せっかく種もみを借りて植えて、それが実れば自分たちが食べる米はもちろん、借りた土地の借り賃、年貢や借りた種もみ代が返せまする。

　それがその前に戦になれば、田畑が荒らされ、その年の収穫がなくなり、土地代や年貢が払えないばかりか借りた種もみが返せず、借金が増えるばかりで娘を売る家も少なくない。
一体百姓に何の罪があるのでございますか？　百姓の娘に何の罪があれば苦界に身を落とさねばならないのでございましょう。戦とはそういうものなのでございます。故になるべく戦をしたくないのでございます」

家康「なるほど。戦が元で百姓が娘を売る。何とも切ないものでござるな」

仲「家康様は百姓を大事になさる方と聞いておりまする。何卒豊臣家の家臣になってくださりませ。そして二人力を合わせて百姓が娘を売らないで済む政をしてくださりませ。秀吉は家康様を決して疎かにはいたしませぬ」

家康「なるほど。『百姓が娘を売らないで済む政』か。秀吉殿とならできるやも知れぬな。承知いたした。大坂城に参ろう」

こうして家康は大坂城に行き、豊臣家の家臣になった。
家康が大坂に着くと、その夜宿舎に秀吉が単身訪れ、大坂に来てくれたことに礼を言った話は有名である。

光秀、出家して天海と名乗り、徳川家康の許に身を寄せる

光秀はその後出家して天海と名乗り、徳川家康の許に身を寄せた。

いつからかについては諸説あり、慶長4年（1599年）からという説もあるが、北条攻め（1590年）の際に浅草寺の住職・忠豪（ちゅうごう）とともに徳川家康の陣幕にいたという説もある。

これらから考えると天海は1577～1578年頃家康の許に身を寄せたと考えるのが妥当だろう。

なお、天海僧正は蘆名（あしな）氏の第12代当主・蘆名盛高の一族で、船木景光の長男として蘆名盛常の娘を母に生まれたとも言われているが、天海は北条征伐や関ヶ原の戦いに家康について行ったり、宮中との折衝を任されている。

もし、天海が舟木景光の長男であれば14歳で出家したことから、戦術についても宮中のしきたりについても疎（うと）いはずで、北条征伐や関ヶ原の戦いに家康について行くことも、宮中との折衝を任されることもないはずだ。

しかし、光秀なら、石山本願寺を攻める織田家の他の重臣に力を貸して成功させながら、自身も丹波の諸城を攻略しており、戦術に長けていたし、越前の朝倉に身を寄せたり、足

利義昭将軍に仕えていた頃から宮中との接触があり、また、信長が足利義昭を将軍に奉じて上洛した後は秀吉とともに公家との折衝を任されており、宮中のしきたりに詳しい。

また、天海の墓所は光秀の菩提寺（ぼだいじ）である「慈眼寺（じげんじ）」と同じ名の「慈眼堂」と呼ばれていたり、天海が造営した日光に「明智平」という場所があったり、鐘楼（しょうろう）の壁やひさしに光秀の紋である桔梗紋（ききょうもん）がある。

こうなってくると、家康を祀っている「日光」は「日向の守（かみ）光秀」の「日」と「光」から この地を選んだとも考えられる。

さらに、家康が天海に初めて会った時、家康と天海は旧知の仲のように親しく話したとか、光秀の姪と伝えられているお福（春日の局）が天海に初めて会った時、「お久しゅうございます」と言ったとも伝えられている。

さらに、そのお福（春日の局）は光秀の姪といわれ、すでに嫁いでおり、しかも4人の子がありながら、離婚して大奥に上がっている。家康や徳川幕府が4人の子がいる一般人をその子や亭主と離れ離れにしてまで大奥に上げるだろうか。そんなはずはない。天海が光秀だから、天海が自分と血が繋がっているお福を大奥に上げたのだ。

そしてこの話はこれだけでは終わらない。

徳川家康の孫の家光は家康の子の秀忠の子ではなく、家康とお福の間の子だという説がある。

「何をバカな」と言う方(かた)がいるだろう。だが、そう言うのは簡単だが、家光は母のお江(ごう)の方に全く愛されず、お江の方は弟の国松ばかり可愛がり、秀忠の後継の将軍にしようとしたのである。そのため家光の乳母だった春日局は三河にいた家康に直談判に行き、家康は江戸まで出てきて次期将軍は家光だと秀忠に念押ししたと伝えられる。

これは家光がお江の方の実子ではない証拠である。そして、お福は家光を産むと、母としてではなく乳母として家光の養育に携わったのだ。「家光」という名は「家康」の「家」と「光秀」の「光」から取ったのであろう。水戸藩の光圀も「光」がつくが、これは家光から偏諱(へんき)を与えられたのだ。

つまり、天海僧正は光秀で、自身の血を将軍家に入れたい＝自身の子孫が天下を治めるようにしたい、と思い、結婚して子供までいるお福を離婚させ、大奥に上がらせたうえで家康の子を産ませたのではないだろうか。

さらに言えば、お福は斎藤利三の娘で、黒井城で生まれたと伝えられているが、この頃は戸籍もないことから、誰が誰の実子か断言することが困難な時代だった。また、この当時、光秀は謀反を起こして恩ある主君を討った悪人と思われており、大奥に上げるのにその悪人の娘ではまずいため、「姪」ということにしたのではないだろうか。

もし、そうでなかったら、天海（＝光秀）は自身の他の女の子か孫に家康との子供を産ませたはずだ。また、春日局は光秀譲りの才覚で大奥を取りまとめたと考えると納得できる。

これらの中の1つだけなら偶然ともいえるかもしれないが、これだけ重なると偶然とは思えず、天海が光秀であることはほぼ確実であろう。

ひょっとすると、舟木景光の長男として蘆名盛常の娘を母に生まれた「天海」という名の僧もいたのかもしれないが、その人物は家康に仕えた「天海」ではないだろう。

家康は天海の前に座ると言った。「某に会いに来たと申す僧とはそなたか？　天海とか申すそうじゃのう。苦しゅうない。表を上げよ」

天海「家康様。お久しゅうござりまする」。天海は顔を上げながら言った。

家康は目を丸くして言った。「そ、そなたは光秀殿。生きておったのか」

天海「はい。おかげ様で、秀吉の手にもかからず、こうして生き延びており申す」

家康「それはそれは何よりでござる。某もいずれは信長様に命を狙われる運命でござった。それが、そなたが信長様を討ったおかげで命拾いでき申した。

それなのにその某は甲斐や信濃を手に入れようとして時間を費やし、そなたの許に駆け付けるのが遅れ、そのためそなたは秀吉に敗れた。そなたが信長様を討った後、某がすぐに山崎に駆けつければそなたは死なずに済んだろうにと、返すがえすも残念で、詫びる言葉もなかった」

天海「拙僧の家臣がとんでもないことをしでかしたことが家康殿にも幸いして何よりでござる。おかげで拙僧は秀吉に敗れ、命からがら逃げ出すことになり申した。あ奴、拙僧に力を貸すと言いながら、こちらの陣に入った途端に刀を抜き、斬りかかってきたのでござる。全く油断できぬ男でござる。まるで猿じゃ」

家康「それで、どうなさるおつもりで？　秀吉殿はすでに関白におなりで、某はその家臣でござる。今更豊臣家に弓を引く気もござらぬ」

天海「その豊臣家を滅ぼし、家康様に天下を取らせるために参り申した」

家康「何と、豊臣家を滅ぼすじゃと？　今さら世間を戦で乱す気はない」

天海「あなた様は民・百姓を大事になさると聞いており申す。そのような方が天下を治めれば百姓・町人の暮らしも良くなり、泣く者が減り申そう。いささか策を弄さねばなり申さぬが、できぬことではござりませぬ」

家康「秀吉殿に臣従した時に一旦は諦めた天下でござるが、取れるものなら何としてでも取りたい。どうすれば良いのでござろうか」

天海「秀吉殿は取りあえずは九州の島津、関東の北条や陸奥の伊達を滅ぼすことに力を入れ申そう。これらについては秀吉の指示に従い、秀吉の信頼を得ることに尽力するべきでござろう。牙を剝くのはそれからでござる」

家康「信長様はいつ、どうやって徳川家を乗っ取るかを考えない日はなかったでござろう。某（家康）の命は風前の灯火でござった。もし、貴殿が信長様を討たなければ某は程なく殺されていたことでござろう。何より大事な命を助けてもらったばかりか、天下取りまで力を貸していただけるとは、天下を取ったら何か礼をせねばなりますまい。何がよろしゅうござるか考えておいてくだされ」

天海　「是非ともそうなるよう尽力いたす所存でござる」

天正16年に秀吉の側室となった茶々は天正17年（1589年）に鶴松（棄）を出産する。鶴松の出産を喜んだ秀吉は茶々に山城淀城を与え、以後茶々は「淀の方」「淀君」とか「淀殿」と呼ばれるようになった。

小田原征伐

天正18年（1590年）、秀吉は北条氏が籠る小田原城を攻めた。この時、誰が何度降伏を奨（すす）めても頑として降伏しなかった北条は黒田官兵衛が使者として小田原城に乗り込むとアッサリ降伏した。この時、北条方が降伏する条件は

1　北条氏は武蔵・相模・伊豆のみを領地とする。

2　氏直に上洛をさせる。

というもので、氏政らの切腹は含まれていなかったが、その後氏政と氏照は切腹を命じられた（家康の娘婿（むすめむこ）だった氏直は助命され、高野山に行かされた）。

氏政　「秀吉殿、某は切腹と聞き申したが、降伏の条件にそのようなことは含まれており

申さぬ。どういうことでござりまするか？」

秀吉 「氏政。そなた、官兵衛に刀や吾妻鏡など、いろいろと貴重な物を贈ったそうじゃのう。こちらの総大将はこのワシじゃ。贈る相手が違うのではないか？」

氏政 「あ、それは官兵衛殿の説得によって降伏する気になり、滅亡を免れたからでござる」

秀吉 「それまで誰が行っても降伏せなんだそちが、官兵衛が行った途端に降伏し、しかも貴重な物まで贈る。おかしいではないか。そちが機嫌を取らねばならぬのは官兵衛でなく、このワシじゃというのに」

氏政 「確かにそうではござるが、官兵衛殿に説得された故、まずは官兵衛殿にお礼を、と」

秀吉は急に声を荒げ、「氏政。官兵衛から何を聞いた？　何か、それまで考えていたこととは違う何かを聞いたのであろう」

氏政 「それは、秀吉殿が天下を取れたのは光秀が謀反を起こして信長を討ったためで、言わば『漁夫の利』を得ただけだと思っていたのでござるが、そうではなく、信長は秀吉殿が討ったと聞き申した。しかも、その後の織田家との戦いを避けるために、その罪を光秀になすりつけたうえで主君の仇として討ち、織田家中での発言力を強めたとのこと。秀吉殿がそこらの百姓ではなく、とても某が太刀打ちできる相手ではないと……」

秀吉 「それがまずいのじゃ。それをアチコチで喋られては困る」

氏政「あ、いや、このことは誰にも喋りませぬ。誓い申す」

秀吉「それをどうやって保証する?」

氏政「は? いや、武士に二言はござらぬ」

秀吉「誰が降伏を勧告しても降伏しなかったそちが、今、降伏しておるではないか。何が『二言はない』じゃ」

氏政「……」

秀吉「この話を聞いた者は皆切腹じゃ。この話を聞くまでに降伏しなかった自分を恨め」

ところが、次女を氏直に嫁がせていた家康がこれを聞き、驚いて秀吉に直談判した。

家康「秀吉様、北条親子が切腹と聞き申したが、真でござりまするか? 降伏の条件にそれはなかったはずでござる」

秀吉「ああ、あ奴らは知ってはならぬことを知った故、死んでもらうことにした」

家康「知ってはならぬこととは何でござりまするか?」

秀吉「あ、いや、それは言えぬ」

家康「某にも言えぬことでござりますか?」

秀吉「あ、いや、……」

家康　「某に言えぬことあれば無理には聞きますまい。されど氏直には某の娘が嫁いでおり申す。切腹は取り消してくだされ。よろしいな」

秀吉は本能寺の変の実情を知っている者は全員消したかったが、家康を敵に回すこともできず、渋々氏直を助命し、高野山に行かせた。

秀吉の弟の秀長は天正18年1月頃から体調が悪化し、約1年後の天正19年1月22日（1591年2月15日）に郡山城にて病死した。

大友宗麟が島津から攻められ、秀吉に援軍を要請した際に秀長から「公儀のことは秀長に、内々のことは宗易（利休）に」と言っており、その秀長が他界したことから、秀吉に意見を具申できる者は千利休1人だけになる。

鶴松は淀君から引き離され、秀吉の正室寧々が育てたが、天正19年（1591年）わずか3才（数え）でこの世を去った。

利休、切腹

利休は大徳寺の山門上に自身の像を置き、門を通る者がこの像の股の下を通るようにした。これが秀吉の逆鱗（げきりん）に触れたというのが通説であるが、それだけなら像を撤去させれば済む話である。しかし、秀吉はそうせず、切腹を命じ、利休は天正19年3月（1591年）に切腹した。

本件については「6．⑩千利休の切腹の理由」で述べてあるので、そちらを参照していただきたい。

この直前に何があったか。そう、秀長の死である。そして、この後何があったか。朝鮮出兵、いわゆる文禄の役である。

人たらしの秀吉はおそらく「戦のない世を作る」とか、「百姓が安心して暮らせる世を作る」などと言って竹中半兵衛らの心を摑（つか）んだに違いない。それがせっかく戦のない世が来たというのに、異国に打って出ればまた血みどろの戦いになるし、相手国の百姓は田畑を荒らされ、やっとできた食料が食べられなくなるのだ。利休のことである。朝鮮出兵を模索する秀吉に対してとうとう我慢できなくなり、かなりきついことを言ったのではないだろうか。

利休「秀吉様、久しゅう茶を献じておりませぬ。今からいかがでございますするか？」

秀吉「おう、それもそうじゃのう。一服点(た)ててくれるか」

二人は茶室に入り、利休が茶を点(た)て、秀吉の前に差し出した。秀吉は茶碗を持ち、一口飲んだ。

秀吉「やはりそちの点てる茶はどこか一味違うな。何と言うか、落ち着く」

利休「秀吉様、朝鮮に打って出るという話を耳にしたのでございまするが、真でございまするか？」

秀吉「うむ。ヨーロペの諸国は明国や我が国を支配しようとしておる。それらの国と我が国がこのまま戦うなら、何とかなろう。しかし、もし、明国がヨーロペに敗れたら、我が国は喉元に短刀を突きつけられたようなものじゃ。そうなったら我が国に勝ち目はない。そうならぬうちに、我が国が先に明国を支配するのじゃ。そして、その手始めとして朝鮮を討つのじゃ」

利休「秀吉様は以前、信長様が日本を支配したら異国に打って出ることを嘆いておられました。明国や朝鮮に打って出るのであれば、信長様がなさろうとしていたことと同じではございませぬか?」

秀吉「それはそうじゃが、信長様は世界を支配するための異国との戦い。ワシは我が国を守るための戦い。目的が違う」

利休「異国に打って出ることに変わりはございませぬ。秀長様が生きていたら同じように申されましょう。朝鮮への出兵は考え直していただけませぬか?」

秀吉「ワシにはこの日本を守る責任があるのじゃ。そなたたちとは立場が違う」

利休「本能寺で信長様を討てたのはみどもや官兵衛殿の協力あってのこと。それなのに官兵衛殿への褒美も12万石とわずかで、本能寺での恩を少し軽んじておられるのではございませぬか?」

秀吉「ワシはあ奴が怖いのじゃ。あ奴の叡智(えいち)が。故にあ奴に大きな力を持たせぬようにしておるのじゃ。ワシにはワシの考えや立場があってのこと。この頃出しゃばりが過ぎるぞ。ははあ、大徳寺の山門上にそなたの像を置いて、ワシが通るたびにその像の股下を通るようにしたのはそういう意味か。自分の協力のおかげで信長を討てたものじゃから、自分のほうがワシより上じゃと言いたいのであろう」

利休「それはそうでござりましょう。あの時額を畳にこすりつけ、『島井宗室殿に上洛するように依頼してくれ』とか、『茶会の前数日匿（かくま）ってくれ』と懇願（こんがん）し、『一生恩に着る』とまで申された、あの時の言葉をお忘れでござりまするか？」

秀吉　「あの時、ワシは確かにそう言うた。じゃが、もしそなたの協力が得られなければ別の方法で謀反していた。手を貸してもらったことはありがたいと思うておるが、じゃからというてそなたのほうが上のわけはあるまい」

利休　「欲しい物が手に入ったら、それまでの恩も義理も忘れてしまう。人間とは悲しいものでござりまするな。否、普通の人間であればそのようにたやすく恩を忘れはしませぬ。さすが6本指。人より欲が深いのでござりましょう」

秀吉は真っ赤な顔をし、手を震わせてどなった。「何じゃと。ワシが人より欲深いじゃと？指が6本あることと欲と何の関係がある？　利休、撤回せよ」

利休　「みどもは武士ではござらぬが、言うことには信念を持っており申す。撤回はできませぬ」

秀吉　「何じゃと。信念を持って言うたと申すか？　指が6本あるからと言うてワシを見下しておったな。許せん。腹を切れ。それまで蟄居（ちっきょ）しておれ」

秀吉も時には苦言が過ぎる利休に対して忌々（いまいま）しい思いをすることもあったが、恩ある利休に仇で返すようなことをしたら秀長が黙っておらず、何もできなかった。しかし、今、その秀長が他界し、利休に何かしても、面と向かって文句を言う者がいなくなったのだ。そして、茶会を開けば自分の嫌いな黒茶碗を使い、大徳寺の山門上には自身の像を置いて、秀吉がこの門を通る時はこの像の股の下を通るようにした利休に、ついに業を煮やしたのだ。

それでも最初は本当に切腹させようと思っていたのではなく、切腹をちらつかせればすぐに謝って前言を撤回すると思っていたのに、謝る気配も撤回する気配も一向にないことから引くに引けなくなり切腹が実行されたのだ。

朝鮮出兵

日本を平定し終えた秀吉は明国の支配をもくろみ、その冊封国である朝鮮に服属を要求したが拒まれたため、天正20年（1592年）朝鮮に攻め込んだ。

これは「文禄の役」と呼ばれる。

朝鮮国は明国に救援を依頼し、これに応じた明国軍と日本軍は膠着（こうちゃく）状態になり、厭戦（えんせん）気分の強い日本側の諸将が撤退し、自然消滅した。

文禄2年（1593年）8月3日、淀君は秀頼（お拾）を出産した。秀吉には若かりし頃、子ができたという説もあるが、それ以降淀君が棄（すて＝秀頼の前に生まれた子。早世した）を出産するまで正室にも側室にも子ができなかったことから、淀君だけ2人もできるのはおかしい。また、淀君が妊娠した時期、秀吉は九州に行っており、しかも、秀吉は小柄なのに秀頼は身長が180㎝もあったと伝えられており、秀頼は秀吉の子ではないという見方が一般的である。

文禄4年（1595年）7月、秀次は謀反を計画した罪で高野山に行くよう命じられ、高野山に行ったが、それでは済まず切腹を命じられた。

もし、秀次が秀吉に関白職を早々に返上していれば、死なずに済んだであろうに、と思う。

慶長2年（1597年）、再度朝鮮出兵が行われた。この戦は「慶長の役」と呼ばれるが、秀吉の死によって幕を閉じた。

秀吉、死去

慶長3年（1598年）8月18日、秀吉は帰らぬ人となった。

死因については様々な説が唱えられているが、秀吉は下痢が止まらなかったと伝えられていることから、その中でも大腸癌が有力だ。

しかし、ヒ素による中毒死は大腸癌に似た症状のため、厳密にいえば秀吉はヒ素を盛られたのか大腸癌で死んだのか区別ができないが、秀吉はその年の3月15日に奥方や秀頼たちと醍醐寺にて花見を開催している。

そして、その後体調不良になり、5月15日に諸将に遺言書を書いている。遺言書が5月15日ということは体調不良はそれより少し前、4月終わりか5月に入った頃からと考えられる。

これが花見から2か月経っていないことから、大腸癌にしては進行が早すぎると思われ、ヒ素による中毒死の可能性が高い。そしてそれは取りも直さず暗殺ということだ。

1597年頃のある日、天海は家康に会いに来た。

天海「家康殿、ちとよろしゅうござりまするか？」
家康「これはこれは天海僧正。お体の調子はいかがでござるか？」
天海「おかげ様でどこも悪いところがござらぬ」
家康「それは羨ましい限りでござる。何か秘訣でもおありか？」
天海「まあ、秘訣というほどのことでもござらぬが、強いて言うなら、納豆を食べることと屁をひることでござろうか」
家康「納豆と屁でござるか？　某も心がけるといたそう。して今日は何か？」
天海「北条も滅ぼし、島津や伊達は臣従して参り、いよいよ秀吉殿の天下になり申した」
家康「秀吉が死ねばその後は某の思いのままと思うておったが、淀君がお拾い様を産み、後釜ができてしまった。これで天下に君臨する道は消えた」
天海「そう落胆なさいますな。まだ手はござる」
家康「なんと、まだ手があると申されるか？」
天海「左様。されどお拾い様が大きくなって諸大名に指図するようになったらそれも叶いませぬ。そうならぬうちに秀吉殿に消えてもらうしかない」
家康「秀吉殿に消えてもらう？　どうやって？　あ奴の周りにはいつも警護の者が何人も控えているし、毒を盛っても毒見役が死んであ奴の口には入らぬ」
天海「拙僧は若い頃朝倉家に身を寄せたことがござる。その時に医学に興味を持っていろいろ調べたことがござる。毒にもいろいろあって、すぐに死なぬ毒もござる」

家康「すぐに死なぬ毒でござると？　それなら毒見役の者が死なず、飲ませられ申す。されど、それならそれで、死ぬまで何度も飲ませることは無理でござろう」

天海「2・3回飲ませると下痢が止まらず苦しむのでござるが、この毒を飲むとしばらく楽になるのでござる。そうなったら薬と称して飲ませることができ、そのうち帰らぬ人となるのでござる」

家康「それは良い。それをお持ちか？」

天海「これでござる」。そう言って天海は小袋を家康にさし出した。

家康「しかし、これをどうやって秀吉殿に飲ませよう？」

天海「お拾い様は綺麗な顔立ちでお顔が秀吉殿に似ておらず、しかも体も歳の割には大きく、父親が違うのではないかと聞いており申す」

家康「ああ、確かにそういう噂がござるし、某もそう思うておる」

天海「淀君様にそこを突くのでござる。『秀吉殿を今のうちに始末しなければ父親が違うことが知られてしまって離縁か、へたをすれば磔（はりつけ）にされるかも知れない』と脅すのでござる。そうしてこのヒ素を渡せば秀吉殿の飲む物に混ぜてくれ申そう」

家康「淀君を使って飲ませるのか。それは良い手でござる」

天海「もし、何かで失敗した場合に備えて、渡すのではなく、帰りに落としてなくしたように振る舞うのがよろしいかと存ずる」

家康「よし、早速伏見城を訪ねるとしよう」

それからほどなく徳川家康は伏見城に秀頼を訪ねた。

家康は淀君とお拾いに深々と頭を下げた後、「お拾い様、淀の方様、ご無沙汰しており申す。おー、お拾い様、しばらく見ぬうちにまた背が伸びましたな」

淀君は軽く頭を下げた後、「家康殿、お久しゅう存じまする。思えば叔父上の城ですれ違う際に母上や私どもに声をかけてくださって以来、いつも気にかけてくださり、真にありがたく存じておりまする」

家康「茶々様も益々お美しゅうなられて、今や天下人の跡取りの母親にござれば、某ごときが軽々しくお会いするのもはばかられるほどで」

淀君「して、今日はどのようなご用件で？」

家康「いや、何、特に用はござらぬが、しばらく江戸の整備や江戸城の普請にかかりきりでござった故、久しぶりに皆様にご挨拶を、と思いましてな」

淀君「それはそれはご丁寧に。家康殿も顔色も良く。何よりでございます」

家康「おかげ様で、このように達者でござりまする。それにしてもお拾い様は大きくなるにつれて段々と男前にお成りで、御父上にはあまり似ておりませぬな」

淀君「それを言うてくださりますな。変な噂が立つと困りまする」

家康「変な噂なら、もうとっくに立っておりまするぞ」

淀君「なんと。どのような噂にござりまするか」

家康は言い難そうに、「それは、その、真に申し上げ難いのでござりまするが、秀吉様はもっと小柄で、しかも、お顔は男前とは言い難く、『父上に似てないな』とか、『父親が違うのではないか』などと、いえ、たわいもない噂でござりまする」と、両手を振りながら言った。

淀君「何ということを。お拾いを身籠った時、秀吉様に疑われたのをやっと凌(しの)いだというのに、皆までが左様なことを言うとは」と悔しそうに言った。

家康「このまま、その噂が太閤殿下の耳に入ったら、再度疑われ申す。いや、耳に入らなくても、お拾い様をご自身でご覧になり、気づくやも知れませぬ」

淀君は藁(わら)をもすがるように言った。「家康殿、私はどうすれば良いのでしょう」

家康は淀君から目を逸らし、「まあ、手はないこともござらぬが、それを某の口から言うわけには参り申さぬ」

淀君は立って家康の許に走り寄ると、家康の手を取って言った。「左様なことを言わずに、私を助けると思って、天下泰平の世を続けるためと思って、知恵をお貸し下さりませ。誰にも言いませぬし、ここにおる者どもも皆口は堅い者ばかりじゃ」

家康「知恵と申されても、太閤殿下が生きている限り疑われ申そう」

淀君「『生きている限り?』。ではこの世からいなくなってしまえば良いと申されるか?」

家康「あ、いや。某はそこまでは」

淀君「では、他にどのような手があるのでございますか?」

家康「……」

淀君「やはり、それしか手はないのでございまするな。しかし、どうやって? 誰かに斬るように命じても、やってくれる者はおるまい。それどころかこちらが告げ口され、討たれてしまいかねぬ。毒でも盛るか」

家康「普通の毒を盛ったら毒見役がすぐに死に、秀吉様の口に毒は入り申さぬ。そうなったら誰が毒を盛ったのか調べられ、どこから尻尾を摑まれるかわかり申さぬ。されど世にはすぐに死なぬ毒もござる。これなら毒見役に変化がなく、秀吉様の口に入ることになり申そう」

淀君「すぐに死なぬ毒?」

家康「左様。白い粉でしてな。食事に混ぜてもわからぬのでござる。その毒を盛った食事を摂るごとに体調を崩し、やがては死に至るのでござるが、徐々に体調が悪化する故、普通の病と変わらず、毒を盛られたことがわからぬのでござる」

淀君「一度や二度ならともかく、何度も食事に毒を混ぜれば誰ぞの目にも止まり兼ねぬ。死ぬまで続けるのは難しゅうございます」

家康「それが、体調が崩れてからはその毒を飲むと少し楽になるのでござる。故に途中からは薬と称して飲ませば、堂々と飲ませることができるようになり申す」

淀君「それは良い。家康殿、何とかしてその毒を手に入れてはもらえませぬか？」

家康「あ、いやいや、某はそのような物も世の中にはあるということを言うただけで、手に入れることなどでき申さぬ。あ、いや。大分(だいぶ)長居をしてしもうた。そろそろおいとまをいたさねば。では失礼いたしまする」

家康はそそくさと立ち上がって出口に向かって歩き出したが、家康が座っていたところには封書が落ちていた。

淀君はそれを取り、慌てて声をかけた。「家康殿、忘れ物じゃ」

家康は聞こえないはずはないのに、そのまま出て行った。

淀君「家康殿、家康殿」

淀君は持っていた封書を開けると中にいくつか包み紙が入っており、その包み紙を出して開けてみると白い粉が入っていた。淀君はすべてを理解し、それを懐に入れながら家康が出て行ったほうに向き、深々と頭を下げた。

淀君の指図でそのヒ素が秀吉の食事に混ぜられ、秀吉は徐々に体調を崩して行き、8月18日、ついに帰らぬ人となった。

家康が淀君にヒ素を渡した証拠はない。しかし、喉から手が出るほど天下がほしくてたまらなかった家康が何もせずに秀吉が死ぬのを待っていたとは考え難い。数年もすれば秀頼が大きくなり、諸大名に指図をし始めてしまう。

そうなったらせっかく秀吉が死んでも、秀頼が諸大名に指図をして戦うようになり、家康は全国を相手に戦うようなものになり、歯が立たなくなるのだ。家康としては遅くとも2~3年のうちには秀吉にいなくなってもらう必要があった。

故に、家康は秀頼や淀君のために秀吉を亡き者にしようとしたのではなく、あくまでも自身の天下取りのためにそうしたのだ。

関ヶ原の合戦の後、淀君と家康は敵対していない。合戦自体は家康と石田三成との家臣同士の戦いという形は取ったものの、その前から豊臣家は各地の大名に檄を飛ばしており、豊臣家と徳川家のいさかいのうえに立った戦いだったことは明白である。

そればかりか、家康は関ヶ原の戦いで自身に味方をした大名に豊臣家の所領を勝手に分け与えたのだ。

それでも淀君は家康に強く抗議できないことから、よほどのことがあったと考えるべきではないだろうか。

従って、前述のようなやり取りは少し芝居がかりすぎとはいえ、何らかの形で家康と淀君が組んで、秀吉をヒ素で殺害したと考えられる。

家康、高台院を見舞う

秀吉が死んだ翌年の慶長4年（1599年）9月、北政所（寧々）は大坂城を出た。淀君が幅を利かせる大坂城にはい辛かったのだろう。高台院と名を変えてしばらくは京都の新城に移り住んだと伝えられるが、大坂城からの生活費の支給は雀の涙だった。

1599年秋、天海は家康を訪ねた。

天海「家康様、ちとよろしゅうござるか?」

家康「おお、天海殿、何か変わったことでもござったかな?」

天海「高台院様が大坂城から出たと耳にし申した」

家康「確か9月頃そうされたと聞いておるが」

天海「さればノンビリしておる時ではござらぬ。早く高台院様をお見舞いなされ」

家康「高台院様を見舞う?」

天海「左様。豊臣家の武闘派の連中は皆幼き頃高台院様に育てられたようなもので、高台院様を慕っており申す。その高台院様と淀君の確執から高台院様は大坂城を出たのでござる故、大坂城は高台院様に大した金を支給してはおらぬはず。そこで家康様がいくらか渡し、生活を楽にして差し上げるのでござる」

家康「しかし、そうしても、豊臣と徳川の戦いとなればこちらの味方はしてくれまい」

天海「故に、まずは石田三成と豊臣家の家臣同士の諍(いさか)いに持って行くのでござる。さすれば武闘派の連中は三成と反(そ)りが合わず、間違いなくこちらの味方をしてくれ申す。それに甥の小早川秀秋殿もこちらに味方をしてくれるかも知れませぬ」

家康「三成一人を討っても大坂方の力は健在であろう。毛利や島津と仲たがいさせることが肝要であろう」

天海「三成はほとんど家臣がおらぬ故、毛利や島津に泣きつくことになり申そう。その時毛利や島津を破り、力を削ぐのでござる」

家康「なるほど。では、近々高台院様を見舞うとしよう」

ほどなく家康は京都の新城に高台院を訪ねた。

家康「北政所様、いや、高台院様、お久しゅうございまする。その後お変わりございませぬか？」

高台院「これはこれは家康殿。まことにお久しゅうございまする。おかげ様で何とか食い繋いでおりまする」

家康「見たところ、あまり裕福な暮らしをしておらぬようでござるが、大坂からの仕送りが滞っているのでござるか？」

高台院「大坂からの仕送りなどござりませぬ。ここにいては食うにもこと欠く始末ではありますが、大坂城でどんどん秀吉様と違う顔立ちになって行く秀頼様や得意げな淀君を見るよりはましでござりまする」

家康「左様、秀頼様はお会いするたびに秀吉様とは似ても似つかぬお顔になって行き申す。本当に秀吉様の子やら」

高台院「家康殿。それを言ってくださりまするな。仮にも亡き秀吉が認めた子でござりまする。されどこうもかけ離れてきては、いくら秀吉が認めたとはいえお顔を見るのが辛く、こうして離れた所に住んでいるのでござりまする」

家康「せっかく手に入れた天下を赤の他人にくれてやらねばならぬとはお辛いことで。高台院様、せめて生活費だけでも某に手伝わせてくだされ」

家康はそう言いながら数枚の小判を高台院に渡した。

高台院「家康殿。大坂城や天下をあの女に奪われ、得意げにされるくらいなら、いっそ家康殿が奪ってくださりませ」

家康「お気持ち、お察しいたす。某にどこまでできるかわかり申さぬが、精一杯努めまする。それならば、高台院様と一緒に暮らして懇意にされておった若武者や甥の秀秋殿に某に味方するよう書状を送っていただけませぬかな」

高台院「承知仕りました。近日中に送りまする」

家康「何分よしなにお願いいたし申す」

家康はその後も家臣に高台院を訪ねさせ、生活を支えることで関ヶ原の戦いで加藤清正らが味方につくことや小早川秀秋※の寝返りに繋がった。

※　小早川秀秋は高台院の兄の子で甥に当たる。

関ヶ原の戦い

家康は石田三成や彼に味方する大名たちが兵を起こさないため、隙を作る必要を感じていた。そして越後の上杉が家康に敵対するために兵を起こしたことから、これを打倒するため東に向かった。すると石田三成と毛利家他家康を快く思っていない大名が家康を挟み撃ちにしようと追った。これを待っていた家康は直ちに引き返し、慶長5年（1600年）9月15日、関ヶ原で石田三成率いる西軍とぶつかった。

関ヶ原の戦いは数のうえでは上回っていた西軍（三成方）が東軍に対して優位に戦いを進めていったが、西軍側に陣を張っていた小早川秀秋の東軍への寝返りによって西軍は総崩れとなって敗走し、東軍を勝利に導いた。この小早川秀秋は北の政所の甥に当たり、小早川秀秋の家康方への寝返りには北の政所の助言があったと考えるのが妥当であろう。

関ヶ原の戦いは徳川家の豊臣家への反逆であるが、家康はこの戦いの後、すぐさま淀君と秀頼に挨拶に行っている。

家康「秀頼様、淀君様、ご機嫌麗しゅう存じまする」

淀君「家康殿、まずは関ヶ原での一戦における勝利、おめでとうございまする」

家康「ありがとうござる。秀頼様が三成に与しなかったおかげで某が勝つことができ申した」

淀君「家康殿の、『この戦いは家康殿と三成との私怨による戦い故、関わってはならぬ。家康殿の秀頼に仕える気持ちにはいささかの揺るぎもない』との書状を受け取り、秀頼を総大将に据えたいとの三成の申し出を断ったが、その気持ちに変わりはあるまいな？」

家康「もちろんでござる。今、こたびの戦以外に戦がなく、万民が幸せに暮らせるのはすべて豊臣家のおかげ。某はそれを忘れるほど愚かではござらぬ。天下を再び戦禍に巻き込むつもりはござらぬ」

淀君「真でございましょうな。豊臣家に弓引くつもりはないと断言できるのでございましょうな？」

家康「もちろんでござる。亡き秀吉様は家臣の中でも某を最も信頼してくださった。その信頼を裏切ることなどでき申さぬ」

淀君「その割にはいつぞやはヒ素をいただき、かたじけのうござりました。おかげで秀頼は生き長らえております」

家康「あ、いや、あれはどこぞでなくしたと思っており申したが、淀君様の手に渡っていたとは……。何せ、あの時、秀吉様がご健在でい続けたら、秀頼様は生き続けることができなかったことでござりましょう。さすれば秀吉様が亡くなった後、天下は再び戦乱の世になったことでござりましょう。そうならなかったことは喜ぶべきことでござる。天下泰平が某の願いでござる」

淀君「わかりました。その言葉、信じましょう」

普通なら豊臣家にとって脅威になりつつある家康をそう簡単に信じるとは思えないが、家康の助力があったおかげで秀吉の毒殺が成功したことから、淀君は家康を信じるしかなかったのであろう。

この後、家康はいくつかの豊臣家の直轄地を自身に味方をした大名に勝手に分け与えているが、これについても淀君は強硬な姿勢に出られなかった。

天海僧正、家康に褒美は孫を将軍にすることと答える

関ヶ原の戦いの戦後処理が済むと家康は天海を呼んだ。

天海　「家康様、お呼びで？」

家康　「うむ。そなたのおかげで関ヶ原の戦いもうまく行き、豊臣家や豊臣家に与する大名の力を大分削ぐことができた」

天海　「それはそれはおめでとうございまする」

家康　「そこで、かつて約束した褒美でござるが、何がよろしゅうござるか？」

天海　「では、一つ。徳川家は源氏。いずれ家康殿は征夷大将軍に任じられ申そう。そうなればその将軍の座は秀忠様、結城秀康様か松平忠吉様のいずれかに譲ることになると存ずる。そしてその将軍の座はその将軍の嫡男に譲られることになり申そう」

家康　「それはそうなるであろう」

天海　「某も将軍の血に某の血を入れたいと存ずる」

家康　「されどその3人の誰が将軍になっても、その子供が次の将軍になることはどうすることもできぬ」

天海　「家康殿の子を拙僧の娘に産ませ、その子に将軍の座を譲れば拙僧の血が天下に君臨することになり申す」

家康「しかし、将軍は将軍の嫡男と決まっておる。それを弟に、しかも側室の子にはできぬ。天下騒乱の元でござる」

天海「家康殿と娘の間にできた子を嫡男として育てたうえで次の将軍にすることを条件に3人の中の誰かに将軍の座を譲るのでござる。さすれば将軍の嫡男が将軍職を継ぐ形になり、誰も文句を申さぬと存ずる」

家康「ううむ……。確かに将軍の座をエサにすれば誰もいやとは言わぬでござろう。そなたの孫が将軍になればそなたが天下を取ったようなもので、山崎に駆けつけるのが遅れた償いもできるというもの。そういたそう。それは良いが、さりとて貴殿にそのような娘がいるのでござるか？」

天海「某の家臣の斎藤利三を稲葉一鉄から引き抜く際に養女に出した娘がございまして、若くもござらぬし、すでに何人か子を産んでおりまするが、この娘を離縁させ、家康殿に仕えさせまする故、この娘に子を産ませていただきとうござる」

家康「承知仕った。して、その娘は何と申すのでござるか？」

天海「福と申しまする」

家康「生まれた子を将軍の嫡男として育てる以上、その正妻が産んだことになる。そうなればその福とやらは母として名乗ることは叶わぬが、それでもよろしゅうござるか？」

天海「それは止むを得ませぬが、せめて福は乳母としてその子の傍にいさせてくだされ」

天海僧正、お福を呼び、大奥に上がるよう要請

一方、数日後、天海は娘のお福を自宅に呼びつけた。

お福「父上、生きておいでとは。これ以上の喜びはございませぬ。お呼びとのことなので参じました。何ごとでございますか？」
天海「うむ、実はな、そなたに頼みたいことがあって来てもらったのじゃ」
お福「頼みたいこと？　この私に？　どのようなことでございましょうか？」
天海「頼みというのは、稲葉殿と別れて大奥に上がってもらいたいのじゃ」
お福「別れる？　大奥？　私には4人の子がいるのです。どういうことでございますか？」
天海「その子供たちとも縁を切り、大奥に上がってもらいたいのじゃ」
お福「いやでございます。子供たちは私の命。離れて暮らすことなどできませぬ。一体何のために左様なことをするのでございますか？」
天海「家康殿の子を産むためじゃ」
お福「家康様の子を？」

天海　「家康殿が天下を取ったら、家康殿は将軍になるであろう。そしてその将軍職は家康殿の子に譲るおつもりじゃ。そしてそなたが家康殿の子を産めば、その子を次期将軍の子として育て、家康殿の子からその子に将軍職を引き継がせるのじゃ。そうなればそなたの子、拙僧の孫が天下人になる」

お福　「左様なことができるのでございますか？」

天海　「家康殿とはすでに話がついている。そなたが首を縦に振れば、稲葉殿には拙僧から話す」

お福　「いやでございます。たとえ我が子が将軍になろうとも、今いる4人の子と別れて暮らすことなどできませぬ」

天海　「頼む。辛いのはわかるが、そなたの協力がなければできぬのじゃ。その子たちも稲葉殿も出世させよう。おおそうじゃ。そなたの子供の中の一人を産まれてきた子の守役にしよう。そうすればそなたと家康殿の子が将軍になったら守役は将軍の側近じゃ。こんな凄まじい出世があろうか。やってくれ。これ、この通り」。天海は畳に手をつき、頭を畳にこすりつけた。

お福　「今育てている子までが子が将軍の側近になれるとあればこんな名誉なことはありませぬ。承知いたしました。大奥に上がりましょう」

天海　「おお、そうか。そなたは明智光秀の娘ではなく、姪ということで大奥に上げることで家康殿とはすでに話がついている。何も心配いらぬ」

天海はその数日後お福の夫である稲葉正成を呼び、お福を離縁するよう要求した。お福から事前に呼ばれる理由を聞いていた稲葉は了解する旨を即答した。

関ヶ原の戦いは家康と三成の私怨のはずで、徳川家は豊臣家の一家臣のはずが、慶長8年（1603年）2月12日、家康は関ヶ原の戦いからわずか3年で征夷大将軍に任じられた。

ある日、家康は淀君に呼ばれ、大坂城を訪れる。

淀君「家康殿、これはどういうことでございまするか。勝手に征夷大将軍に任じられるとは」

家康「どういうこともこういうこともございませぬ。某が征夷大将軍になり、天下を治めようということでござる」

淀君「天下を治めるとは秀頼をないがしろにしているのではございませぬか」

家康「何を仰ります。秀頼様は行く行くは関白におなりあそばす身。某は将軍。身分が違いまする。関白の下で将軍が武家をまとめる。秀頼様をないがしろになど全くしており申さぬ」

淀君「それは真でござりましょうな。秀頼を、豊臣家を裏切ることは一切ないと約束できまするか?」

家康「そう申しており申す。おおそうじゃ。左様に疑うなら某の孫を秀頼様に嫁がせ申そう。これなら、豊臣家と徳川家は親戚になり申す。その子は我らの共通の子孫でござる」

この年家康の孫の千姫が秀頼に嫁いだ。

徳川家光誕生

慶長9年（1604年）7月17日、徳川家光が誕生した。幼名は家康と同じ竹千代と名づけられた。家康の並々ならぬ思い入れが感じられる。

慶長10年（1605年）、家康は将軍職を嫡男秀忠に譲った。

竹千代（家光）を秀忠の子として育てるには竹千代が大きくならないうちにそうしたほ

うが馴染みやすいことや、家康の将軍職の秀忠への譲位が早すぎることから、お福が産んだ竹千代を秀忠の嫡男として育て、秀忠の次の将軍にすることが条件だったと考える。

秀忠「父上、お呼びでござりまするか?」

家康「おお、秀忠、参ったか。話というのは他でもない。次期将軍のことじゃ。次期将軍の次の将軍は去年生まれた竹千代にしたい故、そうしてくれる者に将軍の座を譲ろうと考えておる。そなたには長丸がおった故、竹千代を嫡男として育てることができなんだが、その長丸は幸か不幸か生まれて1年で死んでしまった。本多正信は次男結城秀康を推し、井伊直政と本多忠勝は4男松平忠吉を推しておるが、そなたが竹千代を嫡男として育て、次の将軍にしてくれるなら、ワシはそなたにしようと思うておる」

秀忠「某の子は将軍になれぬのでござりまするか?」

家康「左様。竹千代を嫡男として育てて将軍の座を譲るのでなければそなたも将軍にはなれぬ。子の心配をする前に自身の心配をいたせ。そなたも将軍になりたいであろう。お江に男の子が産まれるかどうかもわからぬし、ここで思い切れ」

秀忠「父上、承知いたし申す」

家康「ただし、もう一つ条件がある」

秀忠「もう一つ？　どのようなことでござりましょう」

家康「まだ豊臣家が健在で、これを何とかせねばならぬ。将軍の座はそなたに譲るが、実質はすべてにおいてワシの意向を優先いたせ。ワシが何も言わなければそなたの好きにするが良い。されど、ワシが『こうせよ』と申したらその通りにするのじゃ」

秀忠「承知仕り申す。もちろんすべて父上の申す通りにいたす所存にござる」

家康「秀忠。福は天海僧正の娘じゃ。故に竹千代は天海僧正の孫に当たる。そして、かつてこのワシはいずれ織田信長に消される立場にあった。それが天海僧正が信長を殺したおかげで今生きておる。

それればかりか天下を諦めておった某に天下への道を示し、望みを取り戻してくれた。

故に竹千代が元服したら『家康』の『家』と『光秀』の『光』を取って『家光』と名乗らせよ。その天海僧正の血を継ぐ者を将軍にせねばならんのじゃ」

秀忠「承知仕り申す。某が将軍職を辞す際は左様いたし申す」

家康「いや、その子が元服したらすぐにじゃ」

秀忠「父上はまだご健在でござる。竹千代が元服したらすぐに将軍の座を譲るのであれば某が将軍でいられるのはわずかな期間になり申す」

家康「ワシはすぐにも将軍を辞し、そなたに譲ろう。まあ、『すぐ』と申しても、今から帝に申し出るのじゃから今年は無理じゃろう。早くても来年じゃが」

秀忠「それなら10年以上は将軍としていられ申す。承知仕り申す」

家康「約束を違（たが）えるでないぞ。もし、違えれば、天海僧正はもちろん、他の重臣も黙ってはおらぬぞ」

秀忠が家光に将軍の座を譲った時、家光は19才、秀忠は44才だった。秀忠がこの若さで将軍の座を譲っていることから、このような裏話があったと推察される。

大坂冬の陣・夏の陣、勃発

これは秀頼が方広寺に奉納した鐘に「国家安康」の文字があることから、「家康を呪詛（じゅそ）する意図がある」と難癖をつけ、挙句の果てに慶長19年（1614年）大坂城に攻め込んだものだ。

この戦いは双方に被害が出たため、双方ともに和睦を望み、朝廷まで介入したが、和睦の条件がなかなか合わなかった。

和睦の条件である堀の埋め立ては、家康に豊臣家を滅ぼす気がないなら必要ないこと。

この条件を提示された時点で家康が豊臣家を滅ぼすつもりであることを察し、何が何でも他の条件にするか、戦いを続けるべきだったのだ。やはり淀君と秀頼はどこまでもめでたい。

なお、和睦条件は「外堀を埋める」だったが、家康は中堀、内堀も埋めてしまった。

冬の陣で和睦した後、一旦は駿府に引き上げた家康だが、徳川の天下をもくろむ家康としては豊臣の力をもっと削ぐ必要を感じており、豊臣家の移封や浪人の解雇を要求したが、豊臣方が従わないため、元和元年（1615年）再度大坂に攻め入った。

堀をすべて埋められた大坂方は敗れ、豊臣秀頼と淀君は大坂城で自刃したと伝えられるが、秀頼は真田信繁（幸村）とともに薩摩に逃亡したという説もある。鹿児島市谷山に秀頼の墓があることから、満ざら作り話とも思えない。

一方、信繁は南九州市の雪丸という地区に一旦は身を寄せたが、島津氏が幕府に恭順してからは、娘の嫁ぎ先である秋田に移って亡くなり、そこの一心院に墓があるとのこと。

また、この大坂夏の陣では徳川家康が茶臼山の合戦に敗れ、駕籠（かご）で逃げる途中、後藤又兵衛の槍で突かれ、辛くも堺まで落ち延びたが、駕籠を開けてみるとすでにこと切れていたとのことで、南宗寺に墓があり、この寺には家康が座ったと伝えられる石がある。多分、駕籠から下した家康の遺骸を一旦この石の上に置いたのであろう。

秀忠は家康の近習から知らせを聞き、南宋寺に向かった。その日の夕刻南宋寺に着いた秀忠は寺に着くと座敷に走り込んで叫んだ。「父上、父上」

しかし、家康の顔にはすでに白い布がかけられていた。

彦左衛門「家康様は敵方に槍で突かれ、ここまで落ち延びたのでござるが、この寺に着いた時にはすでにこと切れており……ウッウッ」。彦左衛門は言葉が続かなかった。

秀忠「クソッ、後一歩という時にこのようなことになるとは。おしまいじゃ。何もかもおしまいじゃ。総大将がこのようなことになっては我らの負けじゃ。すぐにも引き上げねば敵が勢いづいて攻めて来よう」

天海「秀忠様、なりませぬ。引き上げてはなりませぬ」

秀忠「何。引き上げてはならぬじゃと？　戦に負けたのに、このままここにおってどうしようと言うのでござるか？」

天海「今や徳川家の主は秀忠様でござる。家康様が死んでも総大将が死んだことになり申さぬ。戦はまだ負けており申さぬ。されど家康様が死んだとわかれば大坂方が勢いづき申そう。家康様の死は伏せ、影武者を使って生きていると大坂方に思わせるのでござる」

秀忠「されど、父上がいなければどう戦えば良いかわからぬ」

天海「今引き上げれば大坂方が勢いを増し、抑えることができなくなり申す。信玄公が亡くなった時の武田が良い例でござる。戦い方は拙僧が指南いたす故、秀忠様は影を本物の家康様だと思ってドンと座っていてくださりませ」

こうして徳川軍は天海の指南を受けた秀忠が指揮を執り、大坂城を攻略した。

秀忠、次期将軍を国松にしようとして、天海に諫められる

秀忠は妻のお江に泣きつかれ、家康との約束を反故にして自身の子である国松に将軍の座を譲ろうと心変わりをした。

それを知ったお福は駿府に住んでいた父の天海僧正に泣きついた。

お福「父上、話が違います」

天海「おお、お福、いかがした？」

お福「どうもこうもございませぬ。秀忠様は将軍の座を自身の子の国松様に譲ると言い始めたのでございます」

天海「何じゃと？　国松様を次期将軍にするじゃと？　そんなことは断じて認められぬ」

天海は血相を変えてそう言うと秀忠に会うため江戸城を訪れた。

天海「秀忠様、ご無沙汰しており申す。ご機嫌麗しゅう存じまする」

秀忠「これはこれは天海僧正。いつまでもお達者で、何よりでござる。して、こたびの用向きはどのような？」

天海「ああ、いや。ちとつまらぬ噂を耳にしたものでございましてな。まさかそんなことはないとは思いつつも、秀忠様に直に確認したいと思いましてな」

秀忠「はて？　どのようなことでござろう？」

天海「あ、いや、たぶん、聞き間違いとは存ずるが、秀忠様が将軍の座を竹千代様（家光）ではなく、国松様に譲るつもりであると耳にしましてな。まさかとは思いながら、確かめに来たのでござる」

秀忠「それはその通りでござる。将軍の座は国松に譲るつもりでござる」

天海「それはおかしいのではござりませぬか？　将軍の座は竹千代様に譲るよう、家康様から命じられていたはずではござりませぬか？」

秀忠「今、将軍はみどもでござる。次の将軍を誰にするかは将軍であるみどもが決める。誰の指図も受けぬ」

天海「されど、次期将軍を竹千代様にすることは亡き家康様が秀忠様に将軍の座を譲る際の条件だったはずでござりましょう」

秀忠「それはそうでござるが、国松のほうが将軍に相応(ふさわ)しい。それがわかった今、父上との約束を反故にすることもやむを得ぬ仕儀でござる」

天海「国松様はまだ幼少で将軍に相応しいかどうかわかる歳ではござらぬ。お江様から泣きつかれたのではござりませぬか？」

秀忠「……」

天海「どうやら図星のようでござるな。いかに今秀忠様が将軍であろうとも家康様の命令は絶対でござる。それに逆らうなら、今すぐ秀忠様を将軍の座から引きずり降ろすだけでござる」

秀忠「みどもは将軍でござる。でき申すかな？」

天海「幕閣の面々も皆そう考えており申す。それに結城秀康様や松平忠吉様も竹千代様を次期将軍にする条件を飲んだから秀忠様が将軍になれたことを存じており申す。それを反故にして黙っているわけがござらぬし、要すれば拙僧が軍師として指南いたす。真田ごときに手こずった秀忠様に、他の織田家重臣に助力しながら丹波を征した拙僧を打ち負かすことができ申すか？　次期将軍は竹千代様。よろしゅうござるな？」

秀忠　「どうあってもでござるか？」

天海　「どうあってもでござる。お江様にもよろしくお伝えくだされ」

秀忠　「まるで天海殿が将軍でござるな」

徳川家康の影武者、死去

通説では、家康は元和2年（1616年）4月17日に駿府で死んだとされるが、これは影武者であろう。大坂で死んだ家康が影武者だと仰る方（かた）がいると聞くが、影武者の墓に「徳川家康」とは書かないと思われ、この南宗寺の墓は家康本人の墓で間違いないであろう。

駿府で死んだ家康の墓として久能山に墓があり、こちらも歴（れっき）とした徳川家康と書かれている墓だが、この日駿府で死んだ家康に対して、「即夜、久能山に家康の遺体は移された」とか、「死去に際して幕府は、大名・旗本に対して家康弔問のための下向は無用と伝えている」と伝えられていることから、この日駿府で亡くなったほうが影武者だったと考えられる。

もし、こちらも本当に家康の墓だとしたら、影武者が死んだ時点で大坂から家康の遺骨を移し、影武者は別途埋葬されたと考えられる。何せ大坂の墓に「徳川家康」と書かれている以上、これは影武者ではなく家康の墓で間違いない。

そして、元和3年（1617年）、家康の墓は日光に移された。

日光は家康の墓である日光東照宮ができてから日光と呼ばれるようになったのではなく、弘法大師の時代、あるいはその前から日光と呼ばれていた。この日光という呼び方は「補(ふ)陀洛(だらく)山」（＝観音浄土）が古く、これを二荒と書いて「にこう」と読み、「日光」に転訛(てんか)したとするのが有力な説である。

要は、天海が家康をここに祀(まつ)ってから日光と呼ばれるようになったのではなく、その前から日光と呼ばれていて、その日光という土地を選び、そこに家康を祀ったということだ。いずれにしても、日光という名称に光秀が絡んでいるという筆者の見解に相違はない。

この日光の墓は久能山から移されたと伝えられているが、その久能山の墓も「徳川家康」と書かれており、堺の南宗寺から家康の骨を移した可能性が高い。そして、この日光の墓も徳川家康と書かれており、大坂の家康の骨が久能山経由日光まで移されたのであろう。

家光は元和9年（1623年）7月27日、将軍宣下を受け、19才で征夷大将軍になり、秀忠は44才で大御所になった。44才と言えば一番脂が乗っている時であり、そんな歳で退位するからには何らかの裏事情があると私は考えた。

天海僧正死去

天海僧正は寛永20年10月2日（1643年11月13日）に帰らぬ人となった。

光秀の出生の年は明らかになっていないが、1528年説と1516年説が主流である。ただし、1516年生まれだとすると127才まで生きたことになり、非現実的であろう。また、1582年の山崎の戦いで57才で死んだという説があり、そうなると光秀は1525年生まれということになり、1643年に死んだのであれば118才まで生きたことになる。

光秀の菩提寺は坂本にある慈眼寺である。一方、天海僧正の墓は「慈眼堂」と呼ばれており、どちらも「慈眼」がついている。これが偶然とは思えず、天海＝光秀である一つの根拠である。

天海僧正の墓が「慈眼堂」と呼ばれることについて、天海僧正が１９４８年に朝廷から「慈眼大師」の諡号（しごう）を賜（たま）わったからだと考える方（かた）がいると思われるが、ではなぜ天海僧正が「慈眼大師」という諡号を賜わったのか、である。天海僧正が光秀で、その菩提寺が慈眼寺だからではないだろうか。

また、3代将軍家光の墓はこの慈眼堂のほうを向いているとのこと。この一件だけでも、天海が光秀であり、お福がその光秀の娘であり、家光がそのお福の実の子である証拠ではないだろうか。そして家光はそのことを知っていたのだ。

それにしても、いくら天海が祖父でも、普通なら自身の墓が祖父のほうを向くくらいなら父のほうを向くだろう。それなのに父家康のほうでなく祖父天海のほうを向くとは、よほどのことがあったに違いない。

天海「家光様、女遊びもたいがいになされませ。左様なことでは秀忠様が将軍の座を譲ってくださりませぬぞ」

家光「そなたには実の母に疎まれる子の寂しさはわからぬ」

天海は深いため息をついて言った。「困ったものでござる。さればお話しいたそう。あなた様は実の母に十分愛されており申す」

家光「何じゃと？　母上が国松ばかり可愛がっていることはそなたも知っておろう」

天海「お江の方様のことではござらぬ」

家光「今、『実の母に』と申したではないか」

天海「あなた様を産んだのはお江の方様ではござらぬ」

家光「何じゃと、では誰が某を産んだと申すのじゃ？」

天海「ここにいる福でござりまする」

家光「何と、お福が実の母じゃと？　たわけたことを申すな。確かに某が幼少の頃『自分を母と思え』とは言われたが、いくら何と言われようと乳母は実母にはなれぬ」

天海「確かに乳母は実母にはなれ申さぬ。されど、実母は乳母になれ申す。それに父君も秀忠様ではなく、家康様でござる」

家光「実の母はお福で父は家康様じゃと？　お福、真か？」

お福「今まで隠してきて申しわけござりませぬ。家康様や父上に口止めされておりましたもので……」

家光「父上に？　父上とは誰じゃ？」

お福「ここにいる天海様でございます」

家光「何と、天海僧正が父じゃと？」

お福「はい、すでに嫁いでおり、４人も子がいる私に家康様の子を産むように父上が命じ、あなた様は生まれたのでございます」

家光は座り込みながら言った。「何ということじゃ。父が家康様で、お福が母で、天海僧正が祖父とは……。そしてその祖父が命じなければ某はこの世に生まれて来なかったとは……」

お福「ですから私が産んだ子が男の子とわかった時、父上がどんなに喜んだか知れませぬ。そして、それればかりではございませぬ。以前、お江の方様は自身の子を将軍にしたいと望み、家康様が大坂夏の陣でお亡くなりになり、影武者になったことから、秀忠様にねだって心変わりさせ、次期将軍を国松様にしようとされた時、父上が江戸に来て秀忠様に直談判してくださり、秀忠様は心変わりを撤回されたのでございます。影武者では何の力もなく、父上がいなければ将軍の座は国松様に奪われていたのでございます」

家光　「お福……。ではなぜ某を家康様の子として育てなかったのじゃ?」

天海　「あなた様を将軍にするためでございます。側室の子では将軍になれませぬ。そこで家康様はあなた様を秀忠様の嫡男として育て、次期将軍にするように秀忠様に命じたのでございます」

家光　「いくら父親の命令とはいえ、次期将軍は自身の実の子にしたいはず。父上はなぜ某を嫡男として育てたのでござるか?」

天海　「秀忠様が将軍職を継ぐ前、重臣は次男結城秀康様や4男松平忠吉様を将軍に推挙する中で家康様はあなた様を将軍にするため、秀忠様にあなた様を嫡男として育て、次期将軍にすることを条件に秀忠様に将軍の座を譲ったのでござります」

家光　「将軍になどならなくて良いから実の母親に育ててもらいたかった」

お福は声を荒げて言った。「家光様、何と女々しいことを申されます。将軍はなろうとしてなれるものではござりませぬ。日本中でたった一人の選ばれた者しかなれない、そういう地位なのです。それなのに『将軍になどならなくて良い』などと、情けない。『実の母親に育ててもらいたかった』ですと?　あなた様が母と知らないだけで実の母である私に育てられたではありませぬか?」

天海　「あなた様が世をすねるようなことは何もなかったのでござる。それどころか、あなた様がしっかりしてくだされば元服後直ちに将軍の座を譲る約束になっており申す。

あなた様はすでに元服されておるにも拘わらず秀忠様は将軍職を譲ってくださりませぬ。これはあなた様が女遊びに現を抜かしているからに他なりませぬ。

秀忠様は将軍の座を国松様に譲る理由とその機会を窺っているはずでござる。今の状態では老中も反対でき申さぬ。このまま国松様に将軍職を奪われても良いのでござるか？」

家光はよろよろと立ち上がり、お福のほうを向きながら言った。「お福、いや、母上、某を将軍にするために、母と名乗りたくても名乗れず、さぞ辛かったことでござりましょう。某が寂しがれば寂しがるほどあなたは胸が締めつけられたことでござろう。されど、もう心配は無用にござる」

そして家光は天海のほうを向いて言った。「天海僧正、いえ、お爺爺様、よくぞ話してくだされ申した。母上が、いやお江の方様が国松ばかり可愛がる理由がやっとわかり申した。某はお江の方様にかまってもらえない寂しさから女遊びに耽り、父上が将軍の座を譲ろうにも譲れないようになっており申した。そのため、再度弟国松に将軍の座を奪われ兼

ねないところでござった。これこそお江の方様の望むことでござる。しかし、これで目が覚め申した」

天海「では、これからは精進していただけると?」

家光「はい、母上にかまってもらえぬ寂しさから自暴自棄になっており申したが、その母上が実の母ではなく、お福が実の母とわかれば憂うことは何もござらぬ。某の進むべき道を進むだけでござる」

天海「家光様……」

家光「あなた様のご恩は生涯忘れませぬ。いえ、死んでからも忘れませぬ」

秀忠が家光に将軍の座を譲った時、秀忠はわずか44才、家光は19才だった。秀忠がその若さで家光に将軍の座を譲った背景には家康が秀忠に将軍の座を譲る際の条件にこれが含まれていたことと、天海によるその条件遵守の要求があったであろうことはすでに述べた。

最後に

この本の内容を一笑に付すことは簡単だ。何せ、本能寺の変は光秀の犯行という文献はいくらでもあり、本人までそう書いた書状が残っているのだ。他方、そうではないという文献は井上慶雪氏の『信長の誤算』以外筆者は知らない。他にもあるだろうが、見たことがない（なお、杉山光男氏は『信長殺しの犯人は秀吉だった！』という本を出しているが、本文中に光秀の犯行と述べていることから秀吉犯行説とは言えない）。

この、世紀の大事件を光秀本人が認めているから、とか、ここにこう書かれているから、という理由で判断してはいけない。そう書いた人たちに、真実を見抜く才覚があったかどうか、あるいは正しい情報のうえで書かれたかどうか、それをクリアしなければならない。それらの資料は本能寺の変の三日前に宗易が秀吉の所在を義理の息子の少庵に訪ねる書状を送っていたことなどを知らずに書かれたのだ。

本能寺の襲撃が秀吉の犯行だと考えればすべてのことに不合理がなくなり、信長の遺体が見つからないことも、千利休の異常な台頭や切腹の理由もスンナリ頷けるのだ。これこそ「穿った見方」の条件ではないだろうか。

筆者の知合いに明智という姓の人はいない。このことからすると、筆者が光秀の無実を晴らしても何の得もない。しかし、筆者が、本能寺の変は秀吉の犯行であり、光秀は秀吉に嵌められたのだという結論に至ってからというもの、調べれば調べるほど光秀が好きに

なってきたのだ。普通、同僚も手柄を立て、自身も手柄を立てても目立たない。それより、同僚は手柄を立てることができず、自身だけ手柄を立てる方が自身の評価は余程高くなる。それなのに光秀は石山本願寺を始め、いくつもの城を同僚が攻めることに協力して成功させたうえで自身も丹波を攻略している。何と同僚思いなのだろうか。何と智謀が高いのか。

また、光秀の子孫である明智憲三郎氏著の『本能寺の変427年目の真実』によると、氏の祖父は学校の教師から「お前は逆賊の子孫か」と問われ、それ以来「逆賊」があだ名になってしまい、明智姓を返上するように泣いて親に迫った、とのこと。本能寺の変が本当に光秀の犯行であればそれも致し方ないことかも知れないが、濡れ衣(ぎぬ)なのだ。そして井上慶雪氏著の『信長の誤算』という本もあり、本能寺の変の直前に秀吉が畿内にいた可能性を訴えているのにこの濡れ衣が晴れない。大好きな光秀の子孫や親せきのこと、おこがましいかもしれないが、何とかしてこの濡れ衣を晴らし、全国の明智姓の方々が胸を張って生きていけるようにして差し上げたい。

これも筆者が自費でもこの本を出版する理由の一つである。

天海僧正が光秀だと考える件も、天海は蘆名氏だという説がウィキペディアに掲載されている中で穿った見方をすれば(なぜ福が大奥に上がったのか、なぜ家光の墓が慈眼堂のほうを向いているのかを考えれば)、やはり光秀だと考えざるを得ないのではないだろうか。

この本のタイトルは『嵌められた光秀』であるが、光秀は秀吉に1度ならず2度嵌められている。

1度目は本能寺に行くように仕向けられ、そうすると本能寺襲撃及び信長殺害の濡れ衣を着せられたこと。

2度目は本能寺の変後、光秀は秀吉が味方すると思わせられ、秀吉が自陣に入った途端に急襲されたことである。

第2部のタイトル「新説、4人の天下人」の4人目は天海僧正を指している。「天下人」というには多少おこがましいが、自身の子を次期将軍にしようとする将軍秀忠に対して見事孫の竹千代（家光）を将軍にしていることから、そう呼んでも差し支えない働きがあったといえるのではないだろうか。

千宗易が義理の息子の少庵に送った秀吉の所在を訪ねる書状は今は京都の野村美術館には展示されていないばかりか、それを見たいとお願いしても「そんな物はない」と言われて、もはや見ることすらできないのだ。ということは、もし、井上慶雪氏が『信長の誤算』でこの書状の存在や内容を書かなければ、その後筆者はもちろん、誰もこの書状の存在や

内容を知ることができないということだ。『信長の誤算』を書いた井上慶雪氏に心から感謝とお礼を申し上げる。

世の中には、千宗易が義理の息子の少庵に送った書状のように、本能寺を襲撃したのは光秀ではなく秀吉だということを示す物証や資料はまだまだあるはずだが、世に出てこない。それはそうだ。光秀は自身が本能寺を襲撃したという書状をアチコチに送っているのだ。そんな中でそれらの物証や資料を持っていたとしても、世に出すことはためらわれるだろう。

それらの物証や資料を所有している方（かた）がこの本に刺激を受けてそれらを世に出してくれるようになれば、本能寺の変の真実が明らかになり、通説が覆（くつがえ）るかもしれない。いつかそんな日がくることを願って、信じて、この本を出版する。

完

〈著者紹介〉
根木信孝（ねぎ のぶたか）

嵌（は）められた光秀（みつひで）

2024年11月15日　第1刷発行

著　者　　根木信孝
発行人　　久保田貴幸

発行元　　株式会社 幻冬舎メディアコンサルティング
〒151-0051　東京都渋谷区千駄ヶ谷4-9-7
電話　03-5411-6440（編集）

発売元　　株式会社 幻冬舎
〒151-0051　東京都渋谷区千駄ヶ谷4-9-7
電話　03-5411-6222（営業）

印刷・製本　中央精版印刷株式会社
装　丁　　弓田和則

検印廃止

Printed in Japan
ISBN 978-4-344-94933-1 C0095
幻冬舎メディアコンサルティングＨＰ
https://www.gentosha-mc.com/